Rich致富363

精準社交

上班族都需要的人脈管理法則，
節約社交成本，精準投放資源，
讓1%的菁英為你所用

張　萌◎著

高寶書版集團

目錄
CONTENTS

第五章
如何有效平衡解決社交和精進

目錄
CONTENTS

前言

我看過很多以介紹和推薦為主的前言，但那不是我喜歡的風格。作為奮鬥者的同行者和朋友，我更願意在這裡幫大家明確說明關於高情商的三個關鍵問題：

高情商到底是什麼

我就不用其定義來回答了，因為那樣對你沒有太大的幫助，我只能告訴你我眼裡的高情商是什麼。我所理解的高情商就是「**高效運用你的情商來解決實際問題**」，讓它成為你實現目標的最大助力。

如果你說「好好說話，做一個受歡迎的人」也算是高情商，我會為你按讚，但是我要告訴你，那只是高情商帶來的好結果。如果不能帶來價值，助你實現目標，那麼你的「好好說話」很可能就會讓對方感到厭煩，因為大家都很忙，沒時間聽你閒聊；如果不能成為自己的奮鬥助力，你「受歡迎的人」的人設就會被貼上「好人病」的標籤，它的學名叫作「取悅症」，這是病，得治。

修練高情商很難嗎？

在我的《高情商領導力》線下課程中，被問到最多的就是修練難度的問題。關於這個問題，我只能說我有一個好答案和一個壞答案，但是我打算先告訴你壞答案：高情商的修練，確實挺難的。高情商是要用來跟人打交道的，而這個世界上最難琢磨的就是人心，更何況我們還要透過與人打交道實現目標。雖然我為此準備了不少方法，但是我還是沒辦法向你解釋清楚，這個道理就像標注再準確的食譜都沒辦法告訴你「少許」、「若干」到底是多少是一樣的。高情商的修練，你說難還是不難？

我再把好答案告訴你，這個好答案就是——難是一件好事，這件事雖然難，但是值得信賴。這裡面的力道的確很難拿捏，我也沒辦法確實告訴你應該用幾分力，而且每次做到恰到好處所需要的力度也不盡相同，但作為一個過來人，我總能夠給你一些實用的建議。不管是用來捅破窗戶紙的思維破壁，還是拿來就用的實際操作方案，我都替你準備了不少。

只要你勤於實踐，那些我沒辦法透過文字清晰表達的東西，你通通都能融會貫通與巧妙運用。禪宗有句話，大意是「道不可道，然近道之道不可不道」，道理與此大致相同。高情商很難，難在那些不可言說的分寸拿捏，但是我能給你「近道之道」，你就可以運用之妙，存乎一心了。如此，你還會覺得難嗎？當然，這個功夫肯定需要你自己來下。難的另一個好處就是，它能幫助你超越絕大多數的競爭對手。高情商者之所以能夠卓爾不群，所憑藉的就是這個「難」字而已。

修練高情商就一定會成功嗎？

關於這個問題，雖然我很想給你一個肯定的答案，但是我不想騙人，哪怕是善意的謊言。我只能告訴你，我的《精準社交：上班族都需要的人脈管理法則，節約社交成本，精準投放資源，讓1%的菁英為你所用》是為那些奮鬥者準備的。書裡的每一個方法都是為了幫奮鬥者解決問題而設計的，書裡的故事也都是奮鬥者自己的故事。至於那些讓人熱血沸騰的大佬傳奇，不是沒有，但是真的很少，而且本書也不打煽情牌，這對習慣於雞湯思維的人來說，確實不過癮。

如果你是個奮鬥者，我能告訴你的就是，修練高情商會成為你強大的助力。讓高情商成為奮鬥者助力，這是我做高情商課程的初心，也是寫這本書的終極目標。你需要做的就是儘管拿出奮鬥者的魄力，因為這本書就是為你準備的。

我希望每一個奮鬥者都能成功，就像我對成功的渴望一樣熱切。在這一點上，我們是一致的。贏，就是戰勝過去的自己！為了實現這個目標，除了你的努力，你還需要修練這個能夠「變現」的高情商。

如果這本書需要一個標籤的話，我希望這個標籤是：一本「硬核」情商書。

第一章

從「受歡迎」到「被需要」，高情商者的關係躍遷術

01「受歡迎」還是「被需要」，關鍵看價值

小雪是個非常優秀的女孩，在「第二屆又忙又美大賽[1]」中有不錯的表現。他也是青創客中非常出色的一位，尤其在高情商領導力方面做得很好。但是，事情一開始並不是這樣的。

小雪是那種讓人一見面就放下提防之心的女孩，有著圓圓的臉蛋，臉上永遠帶著笑容，走起路來帶著一陣風，重點是他還非常熱心。某一次課堂休息時，我發現他在一群陌生人中間聊得很愉快，於是我開始關注他。

後來我跟他說，在網路時代，他應該建立自己的創業大會，挑戰自己，當一名會長。不得不說，他的執行力非常強，才幾天的時間，他就建立了自己的社群，而且規

1 由作者張萌所發起的表現女性獨立自主、生活自信的勵志計劃比賽。

模還不小。

當他向我求助的時候，他的話讓我感到非常意外，他說：「萌姐，我是不是那種情商特別低的人？我是不是人緣很差？」聽得出他話語中那種掩飾不住的挫敗感。由於不清楚事情的原委，我沒有急於表明態度，而是示意他繼續說下去。

「我覺得我的人緣還不錯，應該是那種比較受歡迎的人。但是為什麼在我需要幫助的時候，那些能夠幫我的人卻沒幫我，而去幫助別人？他們不幫我，我不難過，我難過的是他們明明有能力對我伸以援手，卻選擇了袖手旁觀，去幫助別人。」

他並沒有繼續講到底發生了什麼事，但我明白了他真正想要表達的意思。他的煩惱是：我明明是一個受歡迎的人，可為什麼在需要幫助的時候，朋友們卻沒幫他，而選擇幫助別人？

不得不說，這種情況並不是個案。在回答「為什麼」之前，我們先來整理一下這其中的內在邏輯。但凡有這樣疑惑的人，他們對高情商的認知都有這樣的特點：

1. 那些擁有好人緣或受歡迎的人就是所謂高情商的人。
2. 因為我是受歡迎的人，所以得到別人的幫助就是理所應當的事情。

我知道小雪這些話不是在抱怨，而是他真的很迷惑，因為現實跟他對高情商的一貫認知之間出現了不可調和的矛盾。他並不是真的懷疑自己的情商，也不是懷疑自己的人緣，他懷疑的是「高情商在現實社交當中的價值」，而他的疑惑其實可以用另一種方式來表達：高情商，在我們的奮鬥中到底能不能「變現」？

到底能不能「變現」？答案是，能。在我的《高情商領導力》課程裡，有一個非常重要的觀點——**高情商是可以「變現」的，是所有奮鬥者不可或缺的重要助力**。既然高情商是可以「變現」的，那為什麼還會出現小雪那樣的困境呢？問題的根本就在於這類型的人對高情商的認知出現了偏差。

要解決這個問題，我們首先要升級對高情商概念的認知，升級後，我們對高情商必須有這樣的認知：高情商者會讓別人感到很舒服，會受到別人歡迎，但並不是所有讓別人感覺舒適的人都是高情商者，還可能是「取悅症」患者。**讓別人感覺舒適，並不等於一定會得到別人的幫助**。如果別人樂意幫你，你很幸運，那是情分；反之，也無可厚非。

有些人也許會想：要是按照這個邏輯，高情商豈不是更不容易「變現」了嗎？為什麼還要升級對高情商的認知呢？我們這麼做是為了看清楚高情商「變現」的認知關鍵——價值。

對高情商的認知升級之後，我們眼裡的高情商應該是這樣的：高情商者會讓別人感到舒適，這點很重要。但比這更重要的是**活用自己的價值，促進高情商「變現」**，這就是我經常強調的「價值錨點」，是高情商中高層次的價值。唯有升級對高情商的認知，理解了「價值錨點」，才能更好地讓高情商落實、「變現」，為你的奮鬥助力。

在理解小雪困境的真正原因後，我對他說：「你並不是一個低情商的人，最起碼你有好人緣，你身邊很多人都喜歡你，這是個不錯的開始。你現在煩惱的是你沒有參悟到高情商中的『價值錨點』，而它是讓情商『變現』的關鍵因素。」

那麼，為什麼有了「價值錨點」的加持，高情商變現就會變得很容易了呢？很簡單，在人與人交往的過程中，不管建立什麼樣的關係，都不外乎兩個因素：

1. 情感因素

情感因素就是我們常說的舒適感，對方跟你在一起感覺很舒服，就願意跟你建立某種連結。但是這種連結是偏感性的，同時也是非常鬆散的。喜歡就多接觸，不喜歡就少接觸，它的隨意性、偶然性很強。

2. 價值因素

就是你某種價值是對方非常需要的，對方想要達成相關目標，就不得不與你建立連結。你自身價值的可替代性越低，對方與你建立連結的必然性和強度就會越大，這是一種超強的連結。

高情商變現其實就是把人緣變成人脈，從而為你的奮鬥助力。當你需要幫助時，身邊總有幾個得力的朋友主動為你加油打氣，這也是修練高情商的目標。在實現這個目標的過程中，好人緣——情感因素是高情商變現的催化劑，而硬性需求——價值因素才是關鍵所在，這是高情商「價值錨點」的內在邏輯。

我們用更加直白的話來說，**別人會不會與你建立很強的聯繫，更多是取決於對方是否需要你的價值，而好人緣、受歡迎則會最大限度地降低這個過程的成本，縮短這**

個過程的時間。再直白一點，如果現在有兩個人同時向你求助，而你只能幫一個，一個是對你來說非常有價值的人，另一個是你感覺還不錯的人，你會怎麼選？

相信很多人都會選擇那個自己需要的人，而給那個感覺還不錯的人發一張「好人卡」。所以，要理解「價值錨點」就一定要明白，「好人卡」不只在戀愛中才有，如果你不具備「價值錨點」思維，即使你真的很受歡迎，在你遇到困難的時候，你收到的也有可能是「好人卡」，而不是真真切切的幫助。

所以你是一個真正的高情商者，還是一個自以為是的高情商者？回想一下過往的經驗，看看你有沒有遇到過小雪這樣的困境，順便也看看你身邊那些「社交達人」，如果他們有困難找你幫忙時，你會幫哪一個，又會發給哪一個人「好人卡」？

總而言之，「價值錨點」既是高情商變現的關鍵也是鑑別高情商的試金石，理解了「價值錨點」，就能幫助你在人際關係裡實現從「受歡迎」到「被需要」的躍遷，而「被需要」的價值則是別人無可替代的。因此，要用心使用「價值錨點」。

02 我是誰，我需要什麼，我能提供什麼

幾乎所有剛開始接觸高情商課程的學員都會被要求自我介紹，與一般的自我介紹不同的是，我所要求的自我介紹不是單向的介紹，而是雙向互動的，我把這種方式叫作「三點定位法」，又叫作「社交自畫像」。

我會要求他們用幾個關鍵字或者幾個簡短的句子來介紹自己，然後用這些關鍵字或短句當中的關鍵資訊為自己畫一幅「自畫像」，所有新人都要按照這個要求介紹自己。而這，只是個開始。

等新人按照要求介紹完自己之後，我會對他身邊的人提問：從他的自我介紹中，你得到什麼關鍵資訊？這些資訊能不能說明你要不要與他建立連結的決定？你準備從哪方面跟他建立連結？如果我得到的答案是否定或者是模糊不清的，那我得要求這位新人重新做一遍自我介紹。規則不變，直到他身邊的人給出讓人滿意的答案為止。

一般來講，這個過程需要經過來回三、五次的修正才能達到預期的目標，正常情況下都會經歷這樣的過程：

「大家好，我叫××。我今年××歲，來自××，畢業於××，是一名××。」

「大家好，我來自××，畢業於××，是一名××，我平時喜歡××，我能在××方面為您提供幫助。」

「大家好，我叫××，我是一名××，能夠為您提供××方面的幫助，我喜歡××，希望能夠在××方面得到大家的幫助。」

如果是按照第三種方式來做自我介紹，坐在他身邊的人就能夠透過這些資訊快速做出判斷，馬上就能瞭解他是個什麼樣的人，他能夠為別人提供什麼樣的幫助，他需要什麼樣的幫助，我是不是需要他的幫助，我能不能提供他什麼幫助，甚至我身邊有誰需要他的幫助，又有誰能夠提供他什麼幫助。

如此一來，你不光能快速決定要不要與他建立連結或者是以什麼樣的方式進行連結，就連身邊有什麼樣的資源可以讓你與他建立連結都能清晰明瞭，還有比這更加高效率的自我介紹方式嗎？

我們來總結一下三點定位法：**用幾個關鍵字或簡短的句子來形容自己，為自己畫一幅「自畫像」，這幅「自畫像」必須能清晰傳達出三個關鍵資訊——我是誰、我能提供什麼、我需要什麼**，以便使用「價值錨點」思維在社交網路中找到自我價值的精準定位。

需要注意的是，用來畫「自畫像」的關鍵字以五個詞最佳，少於五個，很可能無法保證這三個關鍵資訊能夠被完整輸出。比如「我是誰」這個關鍵資訊就包括兩個部分，一個是你叫什麼，另外一個就是你是做什麼的，二者缺一不可，如果缺了叫什麼名字，那將來對方在需要聯絡你的時候，很可能會因為不知道怎麼稱呼你而放棄。再比如說，「我能提供什麼」，這一點也能分作兩部分，一個是職業賦予你的，一個是愛好賦予你的。

所以為保證三個關鍵資訊的完整性，畫「自畫像」的關鍵字最好不要少於五個，但是也不能過多，過多則會因為無關資訊的干擾而弱化三個關鍵資訊的存在感。五個並不是標準數量，卻是最常見的，這個標準是要保證三個關鍵資訊的完整性和鮮明感。

我一般都會以自我介紹的方式幫助學員一步步推導出三點定位法，但是它絕不僅僅在做自我介紹時可以用到。與其說這是一個體面的自我介紹方法，倒不如說是一個更加高明的自我價值認知。

在這個時代，想要與我們建立連結的外在因素簡直太多了，我們從來沒有認識過這麼多陌生人。同一個地區、同一個學校、同一個單位、同一個線上社群、有共同興趣與愛好、喜歡同一個品牌，或者只是簡單聊過幾句順便加個好友的。在這麼多人之中，你要怎樣快速找到你所需要的人？怎麼樣讓需要你的人能夠在最短的時間內找到你？三點定位法就是個不錯的方法。

越來越高級、便捷的通訊方式讓我們能輕易地聯繫到很多人，我們從不曾擁有這麼龐大的人脈資源。不管你有什麼樣的需求，有能力滿足你需求的人都是一類人，而且遠不止一、兩個。

決定誰跟你之間會發生故事的關鍵因素，就是你在第一時間想到了誰。在你的資源搜尋榜上位置排名越前面，你們之間發生故事的機率就越大。反過來也是一樣，你在別人資源搜尋榜上的位置很多時候比你自身的價值還重要，這三點定位法就是能夠幫助你快速占領他人資源搜尋榜前面位置的「超級神器」。

學會三點定位法之後，你應該要把下面這三件特別重要的事變成你的本能：

1. 經常用這三個關鍵資訊對自己的價值認知進行修正：時刻清醒地認識到「我是誰、我能提供什麼、我需要什麼」，把這些關鍵資訊傳遞出去，並確認對方是否接收。

2. 當面對一個陌生人的時候，能夠快速運用三點定位法對他進行社交價值定位：如果他沒有告訴你足夠的資訊，那就想辦法讓他告訴你，不管是直接從他那裡獲得還是間接從熟悉他的人那裡獲得都可以，不然你就沒辦法從自己的資源搜尋榜上及時找到他。

3. 運用三點定位法對自己的通訊錄進行資源整合，並及時更新和校正：在整合之後出現在通訊錄裡面的人名後面至少應該有行業、職位、產品、合作需要等備註，然後注意及時更新，比如某某轉行了、升職了、解鎖新技能了，這些應當詳細記錄在他的備註中。

堅持做這三件事情，直到將其變成自己的本能反應，這時候，三點定位法對你來說就不只是一種方法，還變成了一種思維方式，也只有到了這個時候，你才算是真正學會了三點定位法。

我的建議是：馬上開始做這三件事，直到成為你的習慣。不管是不是理解了都要去做，如果你已經理解了，在做的時候就會發現，它比你原先所理解的還要神奇，這也是我們說的——透過行動去疊代[2]你的自我認知。如果還有不清楚的地方也不要緊，你會發現有些東西做著做著就熟悉了。

所以開始行動，從今天開始，運用三點定位法做好你的三件事。

2 疊代：為了達成目的與達到所要的結果，對不斷重複的動作進行更新與修正，而每一次的疊代，都是為了更接近目標。

03「我需要幫忙」或「給你一個機會」

我不止一次問我的青創合夥人一個問題：「如果你遇到一個問題，需要尋求別人的幫助，你會如何向對方表達得優雅和體面？」

這是個好問題，但也真的是一個不太好回答的問題。開口求人這件事本身就是社交中的一個痛點，能開口就已經很不容易了，能不能辦成都是未知，還想把這件事辦得體面，這就難上加難了。很多人聽到這個問題的時候，臉上都會擠出一個尷尬而不失禮貌的微笑，潛臺詞也很明顯：「都到了開口求人的地步了，還講究優雅和體面？你確定不是在開玩笑嗎？」

沒錯，我真的不是在開玩笑，這個問題我絕對是很認真地在問你。當然，我們的學員也很認真給出了答案：「我覺得請人幫忙，最重要的是誠懇，要能放得下面子，放低自己的姿態。這樣才能讓別人看到你的誠意，他們才會幫助你。對了，還要突出別人幫助你的重要性，還有你對成功的渴望。我想我會這樣跟別人說：『您知道為了這件事，我付出了很多、很多的努力。而且您的幫助對我來說也是非常重要的，您可能不知道您現在的選擇將會決定我們這件事情的成敗。如果您能夠施以援手，這份恩情我是永遠都不會忘記的。』」

這樣的表達姿態夠低，態度也很誠懇，也充分表現了對方幫助的重要性，還真有成事的可能，不過不夠優雅，也不夠體面。

再比如這樣的答案：「我的感覺是，要想獲得別人的幫助，首先得學會『亮肌肉』。你得證明你有成事的能力，畢竟對方幫助你也是一種付出，誰也不想在一個毫無價值的人身上浪費時間和精力。如果要想把這件事做得優雅一些，你就要用一些硬指標來證明這件事的可行性和你能辦成此事的機率。比如我會在開口之前做好充足的準備，各種報表、資料分析我都會準備好。即使只是一件不怎麼大的事情，我也會先練習幾次，以保證別人對我能力的信任，我覺得這比誠懇更重要一些。」

這也是一種很有代表性的答案，也有很多可取的地方。無論如何，向別人證明某件事的可行性以及你具備辦成這件事的能力，確實能在很大程度上提高你獲得幫助的機率。比起第一種答案中只關注態度和自己的姿態，確實高明了不少，然而還是不夠優雅也不夠高明。

到底有沒有比前兩種更優雅、更體面的求助方式呢？

有，我們來看第三種答案：「我覺得要想讓這件事變得優雅，就得想辦法改變單純地向別人索取的想法。看看別人如果幫你，他能從這當中獲得什麼好處，或者你有沒有什麼是對方需要的。想辦法把一方向另一方的索取變成雙方都能獲得好處的事情（共贏）。如果是我，我就會先考慮對方能透過幫我而收穫什麼樣的價值，然後再尋找需要這些好處又能提供我幫助的人，這時我們之間的關係就平等了。我不用再跟他說：『我遇到了一個困難，需要你的幫助。』我可以對他這樣說：『我這裡有一個不錯的機會，對我們雙方都有好處，你要不要試試看？』這時候我的姿態依然可以放得很低，我還可以『亮肌肉』去證明我能夠把這件事辦成，因為我不是在向他索取，而是在為他送福利，那麼這件事情就會變得很優雅也很體面了。」

沒錯，讓尋求幫助這件事變得更優雅、更體面的方法不在具體的表達技巧上，而在思維邏輯上。不管是放低姿態也好，「亮肌肉」也好，都只是在關注細節上的不同，而做事的基本邏輯都是一樣的。這個基本邏輯就是索取邏輯，所做的都是一些技術層面上的努力。但是不管我們在技術層面上做得有多好，都不能改變想要向對方索取的事實。**只要是手心朝上向別人索取，不管怎麼偽裝你都優雅不起來。只有把單向的索取變成雙向受益的共贏，這件事才能更加體面。**在尋求幫助這件事上，不僅要看到對方的幫助對自己的價值，還要看到這件事在對方眼裡的價值，然後想辦法滿足對方的價值需求，那麼這件事就變得體面多了。

舉個例子，假設你是某品牌女裝的經理，依託職業資源優勢，你創立了一個規模不小的線上社群，社群裡都是一些關注時尚和注重生活品質的年輕職場女性。你要想增強這個社群成員的凝聚力，就需要不斷邀請各路時尚大咖來為他們做一些分享、互動。從常規的角度來看，這是一件難度非常高的事情，這不僅需要門路、關係，還需要支付一筆不菲的經費，這對你來說壓力非常大。但若厚著臉皮讓人家免費來幫忙，連你自己都覺得這件事不可行。怎麼辦？有沒有一種既能不花錢還能辦得體面的方法呢？那就必須想辦法把這件事從單向的索取變成雙向受益的共贏。

你可以這樣想，把這件請人幫忙的事情變成雙贏，就得思考一下你擁有什麼。你有什麼呢？你有一個規模不小的線上社群，這些年輕的職場女性擁有較強的時尚意識和一定的消費能力，他們都非常關注生活的品質。然後再想想，你需要邀請的這些大咖他們需要什麼？他們需要粉絲，需要大量具有時尚接受能力、消費能力以及隨時可以轉化為客戶的優質女性消費群體，而你的社群中就有這樣的一群人，試問那些大咖需不需要他們？太需要了！

只要想通了這一點，你就不用為付不起經費煩惱了。你可以跟大咖說：「我這裡有一個社群，都是我多年來累積的客戶，他們對時尚產品擁有超強的接受能力和消費能力，您只需要跟他們做一次線上互動就有可能讓他們變成您的優質粉絲。這件事您願意做嗎？」這樣的好事，他們當然願意做。

這件事這麼做，是不是顯得特別優雅，特別體面？那絕對是的。

需要注意的是，你需要把這個問題對著自己再問一遍。不要重複我給的答案，忘掉我說的話，記住我告訴你的思維方式，用你在現實生活中一件需要向別人尋求說明的事情去做一次現實分析，看看能不能在這個思維的指導下思索出優雅、體面的方法。

04 先講價值，因為「必有重謝」真的很低端

先跟大家分享一個詞——「兌付型產品」，怎麼理解這個詞呢？

我之前說過，請人幫忙的時候想要把事情處理得更體面，就得運用價值思維，把單向索取變成雙向受益，讓對方也能從這件事中獲益，只要方法得當，這一規則的適用性非常強。但是事情難免都有例外，有些事情單從這件事上來看，對方是沒辦法獲益的，偏偏又只有這個人才能幫你，怎麼辦？你就得準備好在其他方面彌補給對方，這個用來彌補對方因為幫你而付出的東西，我把它叫作「兌付型產品」。它可以是實物，可以是資訊，也可以是服務，**只要用來彌補對方因為幫你而做出的付出，就可以叫作「兌付型產品」**。

其實要理解什麼是兌付型產品一點也不難，甚至於兌付型產品的準備和支付都沒有很難，這裡面最有技術含量的是怎麼向對方展示你的兌付型產品，讓它為你換取最

好的結果。這件事聽起來好像有點玄，許給別人好處，把好處擺在別人面前誰不會？好像跟高情商沒有多大關係。然而有個很尷尬的現實是，在我所見過的人裡面，把這件事搞砸的卻不在少數。不得不說，能把這件事情辦得漂亮的人，他們的情商之高遠超常人。

我們來還原幾個生活中常見的場景，展現一下這當中的一些門道，看看你能領悟到多少。

場景一：

小麗養了一隻非常漂亮的比熊犬叫小餅乾。小餅乾兩個多月的時候就被小麗接到家裡來了，這四、五年的陪伴已經讓小麗把小餅乾當成了最知心的朋友。可是有一天，小麗帶小餅乾在樓下玩，小餅乾不小心跟著旁邊的一隻哈士奇跑走了，小麗找了半天都沒找到。他看到廣場上有不少老人在閒聊，於是就問這些老人能不能幫忙找一下，並說找到之後必有重謝。

聽了小麗的話，老人們都催促小麗趕快去找，時間久了就找不到了，但是都沒有人要幫忙。小麗想了想，又對老人們說：「各位叔叔、阿姨，請你們幫幫忙好嗎？請你們幫忙找一下，牠應該不會跑太遠的。只要能找回來，我願意給一千塊錢[3]表示感謝，謝謝你們。」結果在眾人的全力尋找之下，小麗很快就找到了走丟的小餅乾。

場景二：

小靜家裡的冷氣壞了，售後的維修人員工程時間全都排滿了，客服說最快要等到第二天下午才能上門維修。小靜實在沒有辦法，只好打電話叫了一間做水電的維修師傅來修。外面將近四十度的高溫，滿臉汗水的師傅一進門就開始幹活，把笨重的外掛機拆了又裝。眼看時間越來越長，師傅的臉色也越來越不好，來回拆裝了好幾遍，總算是修好了。看著維修師傅被汗水濕透的衣服，小靜覺得有些過意不去，甚至後悔一開始把價錢壓得有點太低了。等到師傅修好以後，小靜趕緊從冰箱裡拿出水果和冷飲，還主動多給了師傅維修費用，而師傅在拿到錢以後卻顯得有些不自然。他要是早

3 書中未標註幣種的金額即人民幣。

知道人家會這麼客氣，剛才就不會一邊工作一邊心裡不爽了。

場景三：

小藝是公司裡的業務骨幹，聰明能幹又勤快，時不時地會被主管派去做事。用主管的話來說，這就叫能者多勞。某一天快下班的時候，主管又來找小藝說有一個客戶要求當天必須將提案交給他們，讓小藝加班把這個提案做完，並且很神祕地說，這次不會讓他做白工，會包個大紅包給他。其實小藝下班以後也沒有什麼事，如果真的有大紅包獎勵，加班倒也沒什麼。可是一想到獎勵的事，主管說得那麼含糊，感覺十之八九又是在糊弄他，於是小藝就隨便找了一個藉口拒絕了。

到第二天上班，小藝才知道，另外一個水準不如他的同事加班把提案做完了，竟然得到了兩千元的大紅包。小藝忍不住在心裡埋怨主管太不夠意思，要是當時有說清楚會包兩千元紅包當獎勵的話，自己說什麼也會留下來加班的。

從三個場景中，你領悟到了什麼？現在請你認真思考，拿出紙和筆把想到的記下來，然後對照看看。

我們先來回顧第一個場景，小麗請大家幫忙尋找走丟的小狗，並給出了兌付型產品。但是對這個兌付型產品他一開始是這麼說的：「必有重謝」，誰也不知道他的這個「必有重謝」到底是什麼，自然也就沒什麼效果了。不過他很聰明，很快就反應過來，對「必有重謝」做了補充——「一千塊錢」，將兌付型產品說清楚了，後面的事情也就在情理之中了。

第二個場景裡，小靜他的兌付型產品很明確，從冰箱裡拿出來的水果和冷飲以及主動增加師傅的報酬，都是實實在在看得見的東西。但是，結果我們也看到了，結果無法改變。為什麼？他選擇的時機不對。如果一開始就把這些好處擺在檯面上，結果就會是另一個樣子了。

第三個場景裡，小藝的主管在展示兌付型產品的時候選的時機正確，一開始就說清楚不會讓小藝做白工，會有獎勵，而且也說明了獎勵的內容——「包個大紅包」，但是大紅包還是沒能留住水準最好的員工，而只能讓水準不如小藝的員工來做，效果自然是不一樣的。問題出在哪裡？因為小藝的主管沒有做到量化，不把紅包量化，別人就無法做出準確的判斷。就像有個人跟你描述高度時，對你說「一個人高」，你能準確知道這個「一個人高」到底是多高嗎？顯然不能。

我們來總結一下展示自己的兌付型產品的三個關鍵：

1. 搶占先機，在事情還沒開始前，就把兌付型產品拿出來。
2. 要具體，這個兌付型產品到底是什麼，一定要說清楚。
3. 要可被量化，除了要說明兌付型產品是什麼，還要準確說出數量。

要想得到自己想要的結果，就需要在展示兌付型產品時做到這三點，這將決定對方會用什麼樣的態度、用多少分的努力來完成你所交代的事情。從重要性上來說，**巧妙地展示兌付型產品的價值並不比兌付型產品本身的價值遜色**。在瞭解展示兌付型產品的技巧之後，絕對不能再說「容當後報」、「必有重謝」之類的話了，這些話雖然說出口，卻沒有發揮它的價值。

05 被不被需要，千萬別一廂情願

我們這一章的核心關鍵字是「價值」，那麼你覺得你的價值是由什麼決定的呢？不要懷疑這是一個無聊的問題，這個問題對於新晉奮鬥者來說非常重要。如果這個問題沒有搞清楚，那麼你的計畫還沒開始就已經失敗了一半，這不是嚇唬你，而是經驗之談。不過不管你想到了什麼樣的答案，都不要急著下結論，我先跟你講兩個故事。

小雅從大學畢業就開始做銷售，涉足過不少領域，奮鬥十幾年也算得上是中產階級了。他在大城市有兩套房子，有一輛算不上豪奢但也是中等偏上的車子。談起這些年的收入情況，他的感覺是起伏不定。他的這個說法讓人有些不好理解，按照我們正常人的邏輯，隨著經驗和資源的累積，收入不是應該呈上升趨勢嗎？小雅說完全不是這樣。那為什麼？

他大致講了一下自己收入變動比較大的那幾年，他說自己有兩個階段收入是比較高的，第一個是他做藝術品銷售的那兩年。那兩年小雅銷售的是高級工藝品，有些產品一旦被貼上藝術的標籤，利潤就會非常高，作為銷售人員拿到的佣金也非常可觀。這些產品平時的成單率並不高，不過小雅正好趕上了好時機，那兩年價格不菲的高級工藝品成單量簡直快要追上普通用品了，所以只花了兩年的時間他就能在大城市按揭買了一套住房。

第二個收入高峰是他銷售房屋的那兩年，正好趕上房產市場價格狂飆的時候。他覺得根本不用銷售人員四處開發客戶，而是客戶追著銷售人員跑。那時候業務多，他一個人帶客戶看房根本忙不過來，還專門租了兩臺車來幫忙接送需要看房的客戶。他說業績好的時候一天的佣金就是一、二十萬，所以這兩年多的時間他還清首套房的按揭貸款，又入手了第二套。

但是小雅現在的日子過得並不輕鬆，因為他現在在一家家具建材行做銷售，原本家具的成單量比較高，現在卻低得超出想像，再加上產品本身的單價就比較低，所以現在的佣金收入跟頭幾年相比也有了很大落差，而且付出的辛苦比之前還要多得多。

李冰現在是一家中型軟體發展公司的副總，是絕對的技術核心，帶領公司在軟體發展領域做得風生水起。然而，剛開始時他發現公司發展前景並不樂觀，甚至可以說是絕望。他們那一屆是最早學習軟體發展領域的畢業生，在他們辛辛苦苦學好專業準備在社會上大展拳腳的時候，才發現他們的專業太新潮了。

當時中國沒幾家專門從事軟體發展的公司，工作崗位少得出奇。關鍵是市場上沒什麼需求，為數不多的幾家公司經濟效益也不是很好，他們懷著一身的技術和滿腔的熱血，卻找不到需要他們的公司。所以很多人為了生存，放棄自己所學，投身到完全陌生的領域，而他現在之所以能有這樣的成績，是因為他的堅持，終於等到了他被需要的時代。

故事到此結束，現在讓我們再回到一開始的問題。如果你從一開始就想著自己的價值取決於自身的努力和天賦，現在會不會覺得需要修正一下呢？從個人精進的角度來說，價值取決於個人的努力和自身的天賦，這沒什麼好質疑的。但是如果從高情商變現，也就是資源的整合和應用的角度來講，「你的價值由誰來決定」這個問題的答案就應該是這樣的：你的價值取決於兩個關鍵因素，這兩個關鍵因素都不是你自己。

首先，你的價值取決於你所處的管道。如果你所處的是一個上升管道，那你的價值也會跟著不斷攀升；如果你所處的是一個下行通道，那你的價值就會不斷貶值。**其次，你的價值取決於對方的需求**。你的價值符合對方的需求時，你就是一個有價值的人；如果對方沒有這種需求，你的價值在對方眼裡也許一文不值。

這個說法，是我從「羅輯思維」聯合創辦人李天田那裡借來的，如果你對這個名字不是很熟悉，他還有一個更響亮的名字叫作「脫不花」，圈內人叫他「娘娘」。他是我非常佩服的一位女性，絕對稱得上是又忙又美的典範。

那麼，怎麼理解前面的說法呢？我們結合上面的故事來分析一下。

先說小雅的故事，他的故事體現的就是通道對於個人價值的決定性影響。雖然經歷了幾個不同的行業，但是他所倚仗的技能都是銷售能力。之所以在不同的行業裡他的價值會有那麼大的區別，跟他所處行業的走勢有著直接關係。行業處於上行期時，他的價值體現就很強，後來行業轉入下行期，他的價值得不到體現，也就只好轉入其他行業，不管是在高級工藝品行業還是在房產銷售行業都是如此。在這個語境當中，我把這個「通道」解釋為我們身處的行業，而李冰的故事詮釋的就是對方需求對個人價值的決定性影響。同樣是軟體發展技術，當社會需要的時候你就能成為社會的中流砥柱，成為公司的核心；反之，你技術再高超也不過是屠龍術而已。

不過，這個說法究竟對我們有什麼用呢？對於想用高情商來「變現」的奮鬥者來說，弄清楚這件事，不管是工作還是創業，都會提前明白自己將要進入的這個行業到底是處於上行期還是下行期。看清楚行業的走勢，對個人的價值體現會有多大的影響我們都已經明白。再者，當我們想辦法聚集人脈的時候，只有明白到底是誰決定我們的價值，才能更精準地給自己定位。為什麼會有高不成、低不就的問題？就是因為我們一直把自己當成人才，卻不知道自己所看重的價值由於跟對方的需求不符，而在對方眼裡無足輕重。

反之，弄不明白這個問題，只會導致兩種後果：一種是懷著滿腔抱負投入一個夕陽行業，再怎麼努力也很難實現自己的價值，甚至會出現因為選錯了方向，而導致越努力越失落的局面。另一種就是，總是感覺全世界的人都看不起自己，沒有人能發現自己的價值。其實不是別人發現不了你，而是在別人眼裡你根本就沒有什麼價值。這就是弄明白這個關於價值問題的關鍵所在：不光能幫你選擇一個事半功倍的領域，還能解決懷才不遇的問題。

第二章

如何培養成為「紅人」的品牌管理能力

01 實力堅強的品牌來自實力堅強的本領

二〇一六年我創辦下班加油站，二〇一七年開發了APP「下班加油站」，顧名思義就是在上班之餘為自己充電、加油，或者利用這個時間來提升自己的專業技能，或者把別人打「王者榮耀、傳說對決」的時間用來修練高情商變現的能力。

為了將來能變成自己喜歡的模樣，很多學員都把這裡當作夢想起航的地方，他們為夢想努力的樣子真的很美。在高情商變現這條道路上，我們一定要堅持的一個理念就是——一定要具有品牌思維。換句話說，要學會做自己的CEO，像經營公司一樣經營自己，要擁有讓別人知道並記住你的能力，這就得塑造好自己的個人品牌，讓自己變成一個行走的廣告。

很多學員在聽完課後，會即刻展開行動。他們當中有很多人非常快地就在高情商變現的實踐中得到了正面回饋，但是也有一些人在一開始時就不小心跑偏了。

我有一位學員叫江小妞，同時也是一名青創客，在一開始接觸高情商課程時曾有跑偏的慘痛經歷，不過現在他已經是高情商變現的「大咖」了，後來的很多學員都是因為他的分享才避免了「誤入歧途」的風險。

這個樂觀的女孩不止一次跟我說：「萌姐，記得在課堂上分享我的『失誤』哦，把我當成反面教材來講，千萬不要客氣。」我知道，他這是又想搭我的順風車了，想讓我在課堂上免費宣傳他的品牌，品牌思維學到這個地步，我甚是欣慰，所以我每次都會滿足他的心願，在課堂上狠狠地「批」他一頓。

在江小妞聽完高情商領導力課程後的一個月內，據他自己「交代」，整個人就像轉緊發條的小陀螺，根本停不下來，所有非上班時間全部被他用來約各種各樣的聚會。現在的同事、原本的同事、好久沒聯絡的同學，各種讀書社團、勵志社團裡的同好，甚至全國各地陪伴營的學員都被他約在一起。

確實，在那段時間裡，他不僅跟很多原本已經疏遠的老朋友重新建立了聯繫，還認識了不少新朋友，也讓很多人認識了這個活潑開朗的女孩。那段時間他的朋友圈被各種形式的聚會、演講、分享會填得滿滿的，微信一天到晚閃個不停。江小妞說，那個時候他的感覺真的很好，整個人像是隨時都要飛起來似的。

可是，來自現實的打擊總是讓人猝不及防。過沒多久，江小妞就被公司派去接受封閉式培訓，只有晚上睡覺前才有一點點的時間拿到手機。這樣的情況，讓他心中很是忐忑，要是不能及時回覆得罪了朋友怎麼辦？不過，後來的事實證明，他想多了。

整整兩個星期的時間，除了來自老媽的問候，他竟然一則訊息都沒收到。當時的他一臉懵，原本以為自己站在世界中心，現在才發現這是要被全世界拋棄的節奏呀。後來他跟我訴苦：「萌姐，我明明已經努力到快要感動自己了，為什麼稍不留神就被他們遺忘了？我到底還要努力多久才能被他們記住，還是說我從一開始就是錯的？」

那麼努力卻得到這樣的結果，肯定有不對的地方，有效的社交絕對不會是這個樣子的。有效的社交應該是**大部分的時間和精力都用來自我精進，身邊的人都在默默地互相關注，並在合適的情況下發生碰撞，實現資源優化，而且有效社交應該是一個可以自行運轉的體系。**可以這麼說，江小妞對高情商課程中的品牌思維認知一開始就出現了偏差。我並不是說絕對不可以這樣，飯局也好，聚會也好，這本身沒什麼不對，用得好，也能讓自己成為一個高情商的人。問題在於，他把所有時間和精力都用在這上面了，朋友圈裡都是各種聚會現場。

雖然他這麼做的初衷是想讓身邊的人都知道並記住他，但是事情做到這種程度，就等於把自己變成了一個「社會人」。再怎麼展示自己，大家都會覺得這是一個熱衷於交際的「閒人」，他有大把的閒置時間，他的時間是不值錢的。這是一個非常負面的標籤，一旦被貼上這樣的標籤，他在身邊這些人的資源分類當中就會被移出優質行列，自然就不會有人願意主動與他產生聯繫，如果公司沒有對他實施封閉式培訓，很可能接下來他想聚會都找不到人了。

肯努力是一件好事，但是如果方向不對，就會變成一場災難。高情商個人品牌思維最重要的一點就是：**個人品牌最重要的是狀態，狀態決定了你在他人資源列表當中的位置。從這點來說，再沒有比奮鬥者姿態更好的個人品牌了。**他一開始之所以會有這樣的遭遇，就是因為沒有參悟到這一點。

明明可以憑藉著奮鬥者的姿態出現，卻偏偏用努力生生把自己打造成一個不務正業的「聚會狂魔」。就像他自己說的那樣，從一開始他就錯了，所幸他及時意識到不對勁，並馬上向我尋求幫助，但是並非所有人都能及時意識到奮鬥方向產生了偏差。

現在很多人都在鼓勵年輕人要堅持不懈，遇到困難的時候一定要永不放棄，甚至有一種說法是，當你覺得快要承受不住的時候，你可能就要成功了。然而，我要告訴你們的是，作為一個高情商的奮鬥者，當現實給你的回饋跟你的努力嚴重不相符，甚至完全背道而馳的時候，比起堅持，你更應該做的是把事情重新整理一遍。

盲目堅持很可能會讓你像電影《北轍南轅》的主人公一樣，越努力卻離初衷越遠。高情商的品牌思維就是這樣，當你明明已經很努力卻還是一無所獲的時候，當你發現自己越來越累的時候，當你發現自己的社交系統不會自動運轉，一放手就馬上停滯的時候，請你一定要自我檢視，看看是不是從一開始就錯了，否則你努力的結果很可能就會像江小妞一樣，離初衷越來越遠。

學會高情商的品牌思維後，一定要學會「社交減法」，減少在無效的社交上花費的時間，把主要的時間用來做自我精進，把「奮鬥者」作為你個人品牌的標籤，這樣才能讓你的社交系統進入自轉狀態，你才能成為一個高情商的奮鬥者。

02 主角光環就是能成事的感覺

不管我們承不承認，總有一群人就像自帶主角光環一樣，很輕易地就能成為圈子的中心，所有人都會自發地圍著他們轉，所有的資源和機會都會被他們吸引。我們稱這樣的人生叫作「開掛的人生」，其實這就是高情商者的一種高情商變現的表現。

他們的個人品牌創立做得好，大家願意主動跟他們建立連結，自然更願意把資源和機會留給他們。當他們需要幫助時，也會有更多人願意提供幫助，但這並不只是因為他們人品好或人緣好。

用一句親民的話來解釋這種情況，那就是：大家都相信他們能成事。做別人眼裡那個能成事的人，這是我對修練高情商的學員的要求。那麼，怎麼樣才能變成別人眼中那個能成事的人呢？

美國社會心理學家、哈佛大學教授大衛．麥克利蘭在半個多世紀之前提出一個著名的「成就動機理論（三種需要理論）」，簡單說就是，**具有較高成就需要的人，在現實中的表現看起來才能更像是一個能夠成大事的人**。

事實上，他們成事的機率確實比其他人高出很多，這個理論中關於「高成就需要者」的一些特徵會對我們成為能夠成事的人有很大幫助。大衛．麥克利蘭透過二十多年的研究得出，那些具有高成就需要的人，他們在現實中的成就也要遠遠高於普通人。

這些人身上具有三種共同特質：

1. 心裡永遠有一個能逼出自己潛能的目標

具有高成就需要的人，不管現實的境遇如何，他們心裡永遠都會有一個清晰的目標。這個目標既不會高得不切實際，也不會低得沒有任何壓力，這種需要跳一跳才能搆得著的目標，總是能夠讓他們把適當的壓力轉化為動力，恰到好處地激發自己的潛能。這類型的人很少出現迷茫期，目標堅定，有野心、有幹勁，但是又不至於自不量力。

2. 明白只有自己能夠成就自我

具有高成就需要的人不會奢望天上掉下餡餅，他們明白只有自己才能成就自我。

雖然跟其他人相比，這類型的人身邊會有更多的資源和機會，但是在奮鬥這條路上，他們永遠能夠分清楚主次。哪些東西是成就自己的根本，哪些因素只是輔助作用，這些在他們心裡都清清楚楚。這類型的人不會過度依賴其他的人或事，也不會成為他人的負累，相對於一些偶然的因素，他們更看重自己的努力。他們在面對困境的時候首先想到的不是發洩情緒，而是立足現實，盡可能地採取理性的解決方式。

3. 相對於付出，更看重結果

具有高成就需要的人，會更看重努力的結果，而不會糾結於努力本身，用現在流行的一句話來說就是——讓結果說話。從經濟學的角度來說，他們不會因為那些已經付出的沉沒成本而痛苦糾結；從哲學角度來說，他們不會為打翻的牛奶而哭泣。

具有高成就需要人士的這三個特徵，其實就是如何成為一個能成事的人的方法論。把這三個特徵作為你的行事標準，盡力做到，你就是圈子裡那個能成大事的人，這是具有價值意義的個人品牌創立，會成為你人生奮鬥的強大助力。

現在，就用這三個標準來衡量一下，你在別人眼裡到底是不是那個能夠成大事的人，或者說你離成為這樣的人還有多遠。只有找出自己的缺點，我們的努力才有方向，做事才能事半功倍。同時，你也可以衡量一下自己身邊到底有誰是能成大事的人，然後靠近他，所謂「近朱者赤，近墨者黑」，努力向他看齊，爭取與其比肩，這也是修練高情商的一部分。不過，如果用這個標準來衡量的話，難免顯得有些麻煩，實際操作起來可能有一定的困難。

有沒有一種能夠快速辨別的方法？有。

這個方法更像是一個遊戲，來自一項心理學的測試，它有個比較響亮的名字叫作「TAT[4]」，簡單說就是我們小時候經常玩的看圖說話。準備一些沒有固定主題也

4 TAT：Thematic Apperception Test，主題統覺測驗。

沒有標準答案的圖片，試著根據圖片上的內容講述一個完整的故事。需要記住的是，故事沒有對錯之分，只要能合乎邏輯，能夠自圓其說，就是一個完整的故事。

作為聽故事的人你需要注意的是：

1. 故事發生的背景，是順境還是逆境？
2. 這個故事的主人公有沒有強烈的成功欲望？
3. 故事有什麼樣的結局，喜劇還是悲劇？
4. 是什麼導致了故事的結局，是外界的因素還是主人公自己的原因？

從故事中把上面四個問題的答案找出來，然後看看這些答案是正能量多還是負能量多。正能量我們透過加分來表示，負能量我們透過扣分來表示，看看最終得分是多少，至於是百分制還是十分制，無關緊要，你可以把它設定為你喜歡的方式。

可以確定的是，分數越高的人在現實生活中取得的成就就會越大。你可以把這些分數當成是你成大事的指數，如果你得分比較高甚至是滿分，那麼你完全有理由相信自己就是一個能成大事的人。如果現在還沒有那種主角感覺的話，很有可能是在展示的技巧上出了問題。如果你得分偏低，那就得非常小心了，這說明你離別人眼中那個能成大事的人還有一段比較大的距離。

從現在開始，你需要用這個方法反復強化思維。可以透過找圖片、講很多故事，講過之後再復盤[5]，並在復盤時把那些負面的事物一點點擠出去，直到你的故事中充滿積極、奮進的力量，這時你就是一個具有超高「成就需求」的人了，這才是一個奮鬥者應該有的姿態。

5 復盤：棋類術語，指對局結束之後，檢討棋局的關鍵得失，並提出假設，找出最佳解法。

03 講一個與自己相符的品牌故事

我在高情商領導力課堂上講過一個故事，也說過了很多遍，這確實是一個很棒的故事，因為它很好地詮釋了故事的力量——就是馬雲和蔡崇信之間的故事。關於馬雲，已經不用再做什麼介紹了，只需要把這個名字說出來就夠了。但是故事的另一個主人公——蔡崇信，人們對他的熟知度並不像對馬雲那麼高，然而對阿里巴巴來說，他絕對是一位功不可沒的人物。

他最初以CFO（財務長）的身分加入阿里巴巴，現任阿里集團董事局執行副主席。在阿里的合夥人中，只有兩個是永久合夥人，一個是馬雲，而另一個就是他。我在高情商課堂上經常講的故事就是馬雲如何說服蔡崇信加入阿里巴巴，如果以阿里今天的規模和成就來看，招來蔡崇信這樣的人才也看不出有什麼傳奇的地方，但是蔡崇信是在阿里剛成立時加入的，那麼當初是什麼吸引了他呢？

一九九九年，對於馬雲和蔡崇信來說是個關鍵性的時間點。一九九九年馬雲創辦阿里巴巴，並擔任阿里集團CEO、董事局主席；同年，蔡崇信決定從原本的公司辭職加入阿里巴巴。

在一九九九年之前，馬雲發揮自己英語老師的優勢創辦了杭州海博翻譯社，很可惜翻譯社賺不到錢，沒多久就倒閉了。後來馬雲又創立了中國黃頁，可是沒過多久又不得不離開。離開中國黃頁以後，馬雲帶著一幫年輕人準備做一家能夠影響全國甚至全球的公司，當時還沒有「阿里巴巴」這個名字，他們連個公司都沒有成立，只有這群人和一個剛剛運行了幾個月的網站。

擁有耶魯大學經濟學學士和法學院法學、博士學位的蔡崇信當時已經是瑞典投資公司銀瑞達集團（Investor AB）附屬公司的高階主管了，他當時的年薪是幾十萬美元，折合人民幣約幾百萬元，用馬雲的話說就是：「蔡崇信可以買下十幾個當時的阿里巴巴」。

就是這樣的一個人，馬雲當時給他的薪水是每個月五百元，而蔡崇信依然非常堅定地加入阿里巴巴，就連家人的激烈反對都無法改變他的決定。據相關媒體的報導，蔡崇信的妻子當時說：「如果我不同意他加入阿里巴巴，他一輩子都不會原諒我的。」

故事講到此處，是不是感受到了其中的傳奇色彩？是不是很好奇馬雲到底對蔡崇信做了什麼，才能讓他這麼堅定不移地加入阿里巴巴？答案很簡單，馬雲跟蔡崇信講了一個故事。

當時的馬雲還沒有創立自己的公司，也沒有拿得出手的薪酬，唯一能吸引人的就是他的超級願景。馬雲用故事來詮釋自己的願景，而不是談什麼商業模式，談怎麼做業務或者怎麼賺錢。他說：「我們要做一個中國人創辦的，世界上最偉大的網路公司……」雖然我們不知道當時馬雲具體說了什麼，但是可以確定的是，馬雲講的故事讓蔡崇信看到了阿里巴巴的隱形優勢，從而讓蔡崇信相信阿里巴巴的前景不可限量。蔡崇信的加入不僅為阿里巴巴帶來了強大的資本，更帶來先進的法務和管理系統，使得阿里巴巴進入標準化運作。馬雲的這個故事是我所聽過最有價值的。

借助故事的力量，馬雲讓蔡崇信加入了阿里巴巴，故事力量之強大可見一斑，尤其是在品牌創立上。幾乎每個品牌的背後都有一個很漂亮的故事，比如「我們只是大自然的搬運工」，聽到這句話你會不會馬上就有畫面感？那些關於純淨水源的畫面，關於「大自然的搬運工」的故事能不能讓你記住其背後的品牌？

當我們說到那些熱情到「變態」的服務時，當我們講起他們為顧客的手機套上塑膠套，為剛剛失戀的顧客提供暖心小禮物時……當我們講起這些故事的時候，會不會想起故事背後的品牌？這就是故事的力量，這就是品牌創立中對故事的運用。

那麼，個人品牌呢？同樣，讓別人知道並記住你，講故事依然是個很棒的方法。下文講述幾個故事，我們來體驗一下在創立個人品牌時，故事的力量究竟有多大：

「有一位老人，在他七十四歲的時候開始了自己的第二次創業，承包了兩千多畝的荒山準備種柳丁……」「有一位老闆，自己的一位基層員工受欺負，他強勢撐腰，聲明如果這件事不追究到底，他就不配再做公司總裁……」

聽完之後，能不能馬上就想到故事背後的人物，再想到人物背後的品牌？肯定可以！這就是故事的力量。作為一個想要創立個人品牌的奮鬥者，講好故事的能力應該是你的基本配備。那怎麼才能擁有這樣的能力呢？

Firebrand Group 創辦人兼執行長傑瑞米．戈德曼（Jeremy Goldman）在《走紅：如何打造個人品牌》（*Getting to Like*）一書中提到一個不錯的方法——RAPTURE 原則，這個原則會告訴你講一個精彩故事的幾個關鍵。

傑瑞米．戈德曼認為，要想創作一個引人入勝的故事，讓別人知道並記住你，你就不得不運用這個RAPTURE原則。RAPTURE是一個英文單字，它的意思是興高采烈，如果分開來看，每個字母又是一個英文單字的首字母，而這個單字就代表創作好故事的關鍵點。我們用自己的方式來重新詮釋一下：

Relevant：相關性

原本的意思是說，這個故事應該圍繞著你的產品核心去延伸，那麼放到修練高情商上，說的就是圍繞你最想讓別人記住的特徵來延伸。比如你希望讓大家記住你的職業和身分，那就圍繞你是做什麼的這個核心展開故事；比如你把奮鬥的目標鎖定在你的愛好上，那就圍繞你的愛好來展開你的故事。

還記得我的一千天小樹林計畫嗎？大學時期，我每天早上五點在小樹林讀英語，風雨不動、寒暑不輟，最終從學渣逆襲到學霸。這是我關於高效管理人生的品牌故事，也成就了我的第六本書——《人生效率手冊》，而提到張萌，人們無一例外都會想到「人生效率管理」實踐者，這就是萌姐的個人品牌。

Authentic：真實性

這一點尤其重要，雖然這是在教你怎麼說好自己的品牌故事，但並不是要讓你虛構，而且絕對不能虛構。它應該是一個真實的事件，或者說是一個你堅信為真實的事件，即使當下還沒發生也要有足夠的合理性，並且你堅信它會發生。

馬雲跟蔡崇信講的故事並不是當時就已經發生的事情，但是他讓蔡崇信看到了它的合理性，並讓蔡崇信感受到了他的決心。這是馬雲把故事講成功的關鍵所在，否則像蔡崇信這樣的人，馬雲就算是有超一流的口才也沒辦法用一個虛假的故事來欺騙他。

Persuasive：說服性

我對這個說服性的理解是，你講的故事一定要夠刺激。

如果你是用來詮釋你的願景，那這個願景就應該有足夠大的誘惑力；如果你講的故事是已經發生的事情，那這個事件就要有足夠的吸引力。至於怎麼說才能更有說服力，這屬於演講技巧的範疇。

還記得我三十歲時，被查出多處甲狀腺結節，並且增長速度迅猛，我用了一百五十天的時間康復，並延伸納了健康管理方法。此後三年，每天踐行，持續優化，最終我在喜馬拉雅平臺上開設了《張萌：精力管理50課》，幫助數十萬同學做到精力充沛、不疲憊地去奮鬥。

現在他們依然關注著我的微博，每天跟我一樣堅持早起早睡，規律運動，做一個陽光勵志又給他人正能量的人。這一切，都是有故事支撐的，它們都有說服性。

Timely：及時性

其實我更願意把這一點解釋為可塑性或者多變性。整個RAPTURE原則是在告訴你創作一個好品牌故事的關鍵法則，而不是要你用一個固定的故事來應付所有場合。

你可以把這個原則當中的所有關鍵點理解為可以隨意組裝的活動元件，你根據這些元件完成的作品應該是一個變形金剛，它可以根據實際需要展現出不同的姿態，這樣才能更加靈活，也更為洽當。

Understandable：可理解性

最直白的表述就是要「說人話」，要親民，簡單直接，不拐彎抹角。雖然你是在講述一個故事，但是在大多數情況下你所面對的場合都不是你的專場。你需要在最短的時間內，用最簡潔的話把故事講完，並保證它們能被理解，不然你就白講了。

十年前，我做過神經認知科學與功能語言的研究，也在北京師範大學開設了「實用演講與口才」的課程，後來也出版了關於演講的書籍，開設了好口才課程。我講課有一個特點，只要是對我的學員，從不說專業術語。我們一致認為，「術語」就是人與人之間交流的屏障，會將我們的距離分開，因此我授課時，總把「術語」轉換成大家能聽懂、簡單親民的話語，讓大家聽得懂你在說什麼，是一種能力。

Relatable：共鳴性

人們總是會下意識地認同那些跟自己有共同感受的人，如果你想讓他們對你的故事印象深刻，那就需要找到你與他們之間的共性。這一點需要你具有很強的靈活性，比如在一個年輕人的聚會上，你就可以在你們一起經歷過的某些特殊時刻之中找到共鳴；在一個同行業者的聚會上，你就可以在工作的喜樂中找到共鳴。

需要注意的是，你的目標是讓他們透過一個故事知道並記住你，所以這個共鳴一定是積極的、正向的。

Educational：教育性

不知道傑瑞米．戈德曼是不是為了讓這個 RAPTURE 原則顯得更有趣味性和更加令人振奮才選用了「Educational」這個單字，但是我並不太喜歡「教育性」這個說法，我更傾向於把它說成價值。不管你說了什麼樣的故事，它都應該有一定的價值核心，比如七十四歲的老企業家承包荒山種柳丁，比如「我們只是大自然的搬運工」，它們都有很強的價值核心。你要講的應該是這樣的故事，而不是一則趣聞或笑談，不然他們在笑過之後什麼都不會記住。

這便是創作高階個人品牌故事的 RAPTURE 原則，你需要做的是運用這些關鍵點不斷對你的品牌故事進行升級疊代。要想做到這一點，你必須在每次講過之後都要復盤，不能懈怠。

要知道，我們的大腦透過記住故事來記住故事背後之人和品牌的認知規律，這正是故事的力量所在。你可以在手機備忘錄中專門開一個「我的故事」的筆記，想起自己具有個人代表性的故事時，不妨先記錄下來。長此以往，形成習慣，把故事按照本書的方法寫下來熟記於心，成為你自己的一部分。**時刻記得，奮鬥的腳步不停，你的故事就沒有結束。**

04 好品牌就是有「眼緣」

眾所周知，與人相見的第一眼，便是對方的外在形象，因此打造個人品牌的第一張名片便是「形象管理」。

毫不誇張地說，一個人的形象絕對是個人品牌創立的重中之重，因為你的形象會體現出你的專業性，想要在幾秒內就給別人留下好印象，就得做好形象管理。

形象管理，簡單來說就是你的體態管理和著裝管理，**在成年人的世界裡有一條法則，「顏值」並不一定是重要的，但是你的體態絕對很重要**。雖然我們一直在強調有素質的人不應該歧視或者嘲諷別人的體態，但不得不承認的是，很多人都認為那些連自己的體態都管理不好的人，其自控能力並不那麼可靠。所以，這方面的投資非常有其必要，包括時間、精力和金錢。調節飲食，做一些必要的訓練，如瑜伽、舞蹈、泰拳等，都說明著我們有效地管理自己的體態，同時也會幫助我們高效管理自己的精力，這是每個奮鬥者都應該做的事情。

我在「財富高效能」線下課程中，講過關於精力管理的內容。我曾說過，一個人只有管理好自己的精力，才能過高效的人生，才能成為一個真正的奮鬥者，這點我自己深有體會。

我有比較嚴格的飲食計畫和作息規劃，比如早起早睡打卡，同時我也是一名泰拳習練者。縱然我平時的排程相當緊湊，我也從來不敢把運動時間省下來，在助理為我安排日程的時候，他永遠會按照我日程的優先順序安排，我的健身運動優先順序比工作會議還高，這麼做換來的結果是什麼呢？我的粉絲都叫我「鋼鐵萌」。

上過我線下課程的人都有體會，我的課程教學量非常大，我一天的教學量常常等於別人平常兩、三天的教學量，因為我們很多學員都是「下班來加油的」，平時還要上班。如果把課程安排得很鬆散，很多其他地方來的學員就得請一個星期的假，而我們下班加油站的宗旨是加油不能影響工作，所以兩、三天的課程就被我壓縮成了一天，這就意味著，我每次開課的時間都會在十五個小時左右，有時候還會更長。

我還有幾個習慣，首先我上課時是穿高跟鞋的，其次我上課從來不會坐著，再次我從不用PPT，都是手寫板書，所以學員們看見踩著高跟鞋站一天的我就開始叫我「鋼鐵萌」了。「鋼鐵萌」背後需要充沛的體力和精力去支撐，而我倚仗的就是飲食管理和規律的運動訓練，這既是體態管理也是精力管理。

如果你想做一個真正的奮鬥者，如果你想建設好的個人品牌，前提就是做好體態管理。**不要說經濟緊張，不要說沒有時間，這都是阻礙你奮鬥的藉口。**

在跟學員們接觸的過程中，我發現他們在穿衣上有個誤區，尤其是那些有奮鬥精神的年輕人。你跟他說你需要學習、需要充電，這需要投資，他覺得可以；你跟他說要做好精力管理，這樣你的努力才會高效，他覺得也可以；但是你跟他說，你要多買幾套品質好些的衣服，要經常修剪頭髮，保持別人對你的好感度，他就覺得這有些過分了，說現在還沒有條件，還沒到「享受」的時候。

我要說的是，**為形象管理所做的付出不是消費、不是享受，而是投資，是邁向成功的重要一環。有條件要做，沒有條件那就去創造條件**。不過，「著裝管理」這件事跟審美相關，並不是轉變一下觀念，捨得付出就能做好的。

下文是一些基本原則，以供參考：

不要用一套衣服打天下

很多新入社會的人都是一套衣服打天下，不管在什麼場合出現，永遠都是固定不變的著裝，多數情況下是一套西裝。這很容易理解，因為很多公司對上班著裝是有要求的，通常都是要求員工穿黑色或藍黑色西裝，要不就是白襯衫、黑褲子、黑皮鞋，所以經常會出現一些比較尷尬的情景。

比如，在公司舉辦的團康活動上，有人踩著皮鞋爬山；在同行業的聚會上，會有人穿著西裝玩遊戲；在酒會上，一群穿著精緻休閒的美女裡，竟有一、兩位套著職業裝。雖然說不上不對，但就是顯得那麼格格不入。

所以，再怎麼困難，也千萬不要用一套衣服打天下，起碼應該做到擁有一套職業正裝，上班時穿；擁有一套商業休閒裝，在一些商業性的場合穿；擁有一套戶外休閒裝，戶外活動的時候穿。

品質不可以打折

不管是在什麼樣的場合，也不管是穿什麼樣的衣服，新舊可以不論，但是一定不能有過於明顯的磨損痕跡和汙漬。作為奮鬥者，穿衣服可以不計較品牌，但是品質不能太差。那些動輒掉線頭、起毛球、縮水、變形的衣服就不要在重要的公共場合穿了。

其實很多品質較高的衣服，如果不追求新款的話，可以在打折時購買。人和衣服有兩種關係：一種是衣服能提升人的氣質，另一種是衣服的品質要靠人的氣質來烘托。就像相聲界針對作品和藝人之間的關係時說的：「有時候是活保人，有時候是人保活。」好的本子能夠彌補演員的某些不足，但是壞的本子卻要靠演員的深厚功底來彌補它的缺陷，這和個人氣質與穿衣之間關係是相似的。

作為剛進入社會的新晉奮鬥者，要做到烘托衣服的品質是很難的，畢竟那需要擁有強大的個人氣質和深厚的文化底蘊，所以，穿衣服時一定要先用衣服來提升個人的氣質。

穿出你的職業形象

用著裝來彰顯自己的專業性，也頗有些需要注意的地方。有些人說，我們都是有著裝要求的，就不需要自己擔心了。事實上，完全不是這麼回事。不要說公司規定的著裝，就是公司統一發放的制服都能穿出天差地別的效果，有些人穿著只能顯示出自己的職業種類，而有些人卻能穿出自己的職業素養。除了一些特殊的工作之外，最起碼要保證衣服整潔、乾爽，沒有異味。我的建議是，哪怕條件再艱苦也要保證有一個能掛衣服的衣櫃和一部方便使用的掛燙機。

一件皺皺巴巴的衣服穿在身上，那效果跟沒化妝是一樣的。作為精緻女人的代表，楊瀾曾經說過一句話：「沒有人有義務必須透過連你自己都毫不在意的邋遢外表，去發現你優秀的內在。」至於那些沒有明確著裝要求的職業，就做到兩個字：得體。顏色以素雅為主，款式以簡潔為上，除非你的工作跟藝術相關。

穿出自己的特色

第一項講不要用一套衣服打天下，起碼要做到職業裝一套、商務休閒裝一套和戶外休閒裝一套，說的是在不同場合著裝要有多樣性，免得讓自己變成某些場合中的奇葩，而要穿出自己的特色，就是指在同一類場合下著裝的統一性。比如多次參加同主題的商業性聚會，你每次的穿著都不一樣，別人見到你好幾次都不一定能記住你，如果你能在同樣的場合下保持著裝統一，效果就會好很多。

我們的知識ＩＰ商學院中有一位教青年如何寫履歷的老師叫高峻，他聽了我的課之後，轉變很大。每次我們開課或者舉辦論壇，他的著裝風格都非常一致，黑色西裝搭配一個非常別致的領結，這個效果非常好。大家都知道那個穿著黑色西裝，戴著領結的就是高峻，他是履歷色彩學創辦人。所以，要穿出自己的特色就是：保持在同一類場合中著裝的統一性，並用一些小飾品把自己跟他人區分開來，讓著裝和自己之間建立一種較強的連結感。

藏在服裝裡的高情商

除了如前文所提，在一些場合不要穿那些動輒掉線頭、起毛球、縮水、變形的衣服之外，我們還要知道，作為一個尚在奮鬥路上的新人，那些一看就價值不菲的時尚新款也不能隨意往身上套，因為那會給人一種不能吃苦耐勞的印象。

我在天津衛視的一檔職場徵才真人秀《非你莫屬》節目中擔任ＢＯＳＳ團成員，如果候選人穿著名牌、戴著名錶，很多老闆會對其穿著打扮和生活方式進行評判。在職場上，如果在衣飾品牌和款式上壓了主管一頭的話，會讓主管對你產生不好的印象，這是一種暴露情商下限的表現。在其他場合也是如此，即便再想穿出自己的個性，也要注意場合。有些顏色、有些款式是留給某些場合中的主角的，如果你不小心喧賓奪主，那麼你的得分就會變成負數。

二〇一八年，我有幸參加中國婦女第十二次全國代表大會，全國千名在各行各業有傑出表現的女性領軍人物皆出席，我屬於其中年齡較小的。當這些女性都選擇豔麗顏色，比如紅色、粉色、橙色時，我卻選擇了莊重的黑色和嚴謹的灰色。在那種場合，我認為自己的角色定位是「綠葉」，應該襯托出他們的美。**你的著裝裡藏著情商指數，得體不只是要體面，還有對別人的體貼**。不壓主管一頭、不喧賓奪主，作為一個高情商的人這是你在著裝上的最後一課，也是最要緊的一課。如果以上這些你都能掌握，那麼你將會成為個人形象管理的高手，必將會為你的個人品牌加分。

05 送你一張可靠的數字名片

不知道你有沒有想過，在這個世界上到底有幾個你？這並不是在談科幻，也不是要探討平行宇宙，而是一個很認真的問題，你的回答會反映出你對個人品牌創立的認知狀態。在行動網路時代，應該有兩個你同時存在，一個是行走線上下的肉身自我，另一個是活躍線上的數位化自己。雖然一個是肉身物質化的，一個是由資訊構築而成數位化的，但是對個人品牌管理來說，這兩個自己沒有什麼不同。我們必須要像做線下形象管理那樣來做線上形象的管理，這樣才能把形象管理做到三百六十度無死角。那麼，作為一個真正的奮鬥者，應該如何管理自己的線上形象呢？

以微信朋友圈為例，首先，來看看我們平時看到的那些朋友圈都是什麼樣子的。下文舉了幾種最典型的朋友圈（社群動態）形態，看看你中了幾項，也可以作為你對朋友圈狀況的評估。

事業型——
我做的事是天底下最有價值的事情，凡是不認同的都是悟性不夠的

這是現在朋友圈裡最流行的一種形態，這些朋友圈的主人覺得自己正在做的是太陽底下最光榮、最有價值的事情，所有不認同、不支持自己的人都還沒開化。他們的朋友圈裡除了滿滿的自豪感，剩下的全都是質疑和詰問，然後把所有的自豪和不屑變成一句話：「我這裡有天底下最好的產品，不買就是不識貨，不買簡直天理難容。」

值得肯定的是，這些人都非常勤奮，當你在上班時，他們在發朋友圈；當你在玩樂時，他們在發朋友圈；當你在睡覺時，他們依然在發朋友圈。於是，幾乎所有看得見他們朋友圈的人，都默默地封鎖了。

直播型——
雖然我們只是普通人，但是我們依然可以活在聚光燈下，只有按讚才有友誼

這些朋友圈的主人都擁有一顆不甘於平凡的心，充分運用一切機會聚焦周圍的人的目光，順理成章地把朋友圈變成了自己的直播間：幾點起床、幾點吃早餐、幾點出門、去了哪裡、做了什麼、早上吃什麼、中午吃什麼、晚上吃什麼，事無巨細，一一記錄。不僅如此，還會積極要求按讚、留言。

他們堅決認為那些秒讚的人才是真交情，那些不關注自己，不幫自己按讚的人絕對是虛假的友誼，於是他們跟那些天天捧著手機的人感情越來越深，而那些未能及時按讚的奮鬥者，已經被他們從朋友圈裡踢除了。

吐槽型——這個世界到底怎麼了？越看越不順眼

這類型的人很有幾分與整個世界抗衡的勇氣，就像一輛正在逆行的車，感覺整個世界都在跟自己過不去。這種人多數患有「不吐槽會死症」，他們的朋友圈裡，一窩蜂地全是時下流行的新聞，最後點綴著自己的獨家點評，並很為自己在吐槽中的某些

「金句」大為得意，卻沒有發現身邊的朋友為了不讓自己成為下一個吐槽對象已經遠遠地躲開了。

雞湯型——生活已經慘不忍睹，不如乾了這碗雞湯

在這類型人眼中，現實也許真的很殘酷，好像不喝幾碗雞湯就沒了繼續生活的勇氣。他們時而感悟人生，彷佛已經看穿了世間一切；時而「佛系」頹喪，讓人覺得那些他們沒做到的事不是做不到，而是他們不願意去爭；時而又在假裝努力，問問你有見沒見過凌晨四點的城市，並附上幾張挑燈夜戰的照片，一副砥礪前行的奮鬥者姿態，最後卻因為對結果的抱怨而讓真相無處遁形。

你大可以假裝努力，但結果不會陪你演戲，再多的雞湯也拯救不了虛脫的靈魂，最多不過油膩而已。

炫耀型——我要告訴全世界我過得很好，讓那些看不起我的人羨慕嫉妒恨吧

這些人的朋友圈其實就是一個字——「曬」。曬小孩、曬車、曬禮物、曬衣服、曬宴席、曬旅行，凡是覺得能夠上得了檯面，能夠「拉仇恨」的都要拿來曬一曬，必要的時候甚至不惜借用一些道具，比如看到路邊停著一輛豪車，就來個自拍曬一曬，然後在一片按讚和羨慕聲中感覺終於找到了生活的意義。這種虛擬的愉悅感會讓他們產生很強的依賴性，想要他們擺脫朋友圈依賴症，簡直是難如登天。

以上就是不屬於奮鬥者該有的五種朋友圈形態，歡迎對號入座，看看你中了哪幾個。不過不要擔心，就算你不小心中了幾個也不是什麼大不了的事，人們都有選擇生活方式的權利，線下、線上都是如此。對於普通人來說，只要他們願意，怎麼打扮這個數位化的自己那是他們的自由，但是對於真正的奮鬥者來說，就得做得跟普通人不一樣才行。那麼真正奮鬥者的朋友圈應該是什麼樣子的？

把數位化的自己包裝得比較成功的典型案例是一個專門做勞資爭議仲裁業務的法律工作者，他的成功之處在於，朋友圈裡的人知道他，知道他是做什麼的，也知道他有哪些成功的案例。透過他的朋友圈，別人還瞭解了這個領域的專業知識，但是別人不知道他有沒有男朋友，不知道他有沒有成家，不知道他平時是怎麼努力打拚的，那麼這個數位化形象就是成功的——**幾乎所有能夠用來「變現」的資訊都能夠被別人接收，那些跟別人毫無關係的資訊都被他巧妙地隱藏起來了**。因為別人同樣是時間成本很高的人，就算有些資訊對他有價值，但如果還夾雜了很多沒有價值的資訊，別人也會封鎖他。

他是怎麼做到的？他的朋友圈從來不發自己有多拚、有多累，生活多麼不容易，也從來不用「恭喜××喜牽賓士」這類手法來「恭喜××獲得……賠償」。案子結束後，他通常會做個完整的復盤，整理一下為什麼會贏，或者為什麼會輸，其中道理都能講在明處，還會把一些文本遮蓋關鍵資訊之後當作範本在朋友圈講解，比如某種仲裁申請應該怎麼寫，這一份哪裡好，那一份哪裡不好。很多在他朋友圈裡的朋友，後來在遇到這些問題時根本不用向他諮詢，靠他平日的薰陶就把事情順利解決了。作為一個法律工作者，發朋友圈時從自己的職業特性出發，把數位化的自己塑造成一個法律從業者專屬名片，值得我們學習。

還有一位把數位化名片塑造得非常成功的男性，他創立了一家行銷策劃諮商公司，專注於家居建材領域的行銷策劃。別人會在他的朋友圈看到什麼呢？一些非常實用的行銷技巧，不是理論，而是那種直接用來解決實際問題的技巧。還有他會讓你瞭解他們公司員工有多麼優秀，這個優秀不是發多少獎金的優秀，而是員工把那些實用性技巧用得有多優秀。

他的朋友圈彷彿就是一個舞臺，展示了兩樣東西：一個是他們的案子有多專業，另一個是執行這些方案的人有多優秀，而他自己和他的拚搏奮鬥全部都進入了隱藏模式。在所有人都搶占一切機會展示自己有多優秀的當下，他能自己退後，讓方案和團隊站到前面來，而且還是用這種對別人有用的方式來展現。有人說這是胸懷，有人說這是智慧，我要說的是，這是「情商」。

綜上所述，一個高情商的奮鬥者要想管理好自己的線上形象，應該做到：

1. 為自己的資訊做減法，只需要留下能夠「變現」的優質資訊，過濾掉低價值的雜亂資訊。

2. 站在他人的立場上考慮展示這些資訊的方式，給自己一個不被別人隱藏、封鎖的理由。

3. 別太把自己當一回事，別人記住你的職業以及你的專業態度都比記住你這個人有價值多了。

4. 現在是一個注意力嚴重稀缺的時代，控制自己渴求別人注意的欲望，要懂得克制。

尤其是最後這一條，要想做到這一點確實需要超高的情商，不然不足以克制要展示自己的欲望。最後，借用一句比較流行的話：「如果你剛好需要，我剛好專業，我們之間的故事就發生了。」要想讓故事發生，就得讓別人知道你並記住你，但是他要記住的是你的特色優勢而不是你的肉身。要讓他記住你，你就得有淡化自己的覺悟，讓他不時地看到你，並從你這裡得到些東西，這樣做沒問題，但是千萬不要像一副墨鏡那樣時刻擋在他眼前。你那麼不尊重他的注意力，他也會不尊重你的努力。

克制，需要高情商。

第三章

怎麼做，
才能讓自己變得
更「值錢」

01 你的一無所有，只是視角問題

本書的高情商修練技巧不僅適合一些小有成就、希望精進的職場人，當然也適合那些剛進入職場打拚的朋友。本書的原則是少講一些看起來很高級、深奧的理論，要多捅破幾層認知上的窗戶紙，盡量多分享能夠解決實際問題的方法。比起扮演人生導師，我更願意做那些敢於堅持奮鬥、不對生活妥協朋友的同行者。

我希望在他們看來，我跟他們一樣也是個奮鬥者，只不過我踏上這條路比部分人稍早一些，僅此而已。同時，我希望他們把我分享的東西再分享給其他人，讓周圍人受益，把自己活成一束光，照亮自己也溫暖別人，所以我制訂了以「學會的最高標準是會教」為代表之一的「學習五環法」。

這不是說你想明白了、理解了就可以去教別人了，那不是教，只是簡單地複製，而你只不過是傳聲筒。我不需要他們在與別人分享的時候說萌姐怎麼樣或者萌姐怎麼說，我要求他們在用這些方法解決實際問題後，再用第一人稱跟別人說「我」當時用這個方法解決了什麼問題。

這樣一來，我的面前就多了很多問題。雖然我們都希望這些方法能夠立竿見影，但現實生活中總是會有各種意料之外的情況，然後這些問題就又被學員們拋到了我這裡，比如本小節要講的內容就是被他們的回饋「逼」出來的內容。

熟悉我的學員們都知道，相同主題的一堂課，我每次講課內容的更新疊代率超過70%。為什麼？就是因為他們的回饋一直在反逼著我輸出，他們在運用中遇到的問題，我必須在下一次講課時幫他們搞定，不然就沒辦法實現我對他們的承諾，這是我絕對不允許的。

那麼，下文要講的這個方法是用來解決什麼問題的呢？這個問題就是：我明明一無所有，拿什麼奉獻給我的貴人？

這個問題是怎麼來的呢？還記得價值思維嗎？要用自身價值與身邊的人建立連結，在本書前面我也提過「受歡迎的人」不如「被需要的人」這樣的觀點。但因為我們有一些學員剛踏入職場，並沒有什麼社會資源，他們跟我回饋說：「萌姐，您說要用自己的價值跟別人建立連結，但是我把自己上上下下看了好幾遍，就是看不出我的價值在哪裡呀！我們剛剛從學校出來，沒有資歷、沒有人脈，甚至連基本的工作技能都還沒來得及掌握，這明明就是一無所有！我也想用自身的價值跟別人建立連結，但是我自己都不知道我有什麼價值，我要怎麼用它來跟別人建立關係呢？」

仔細看看這段話，然後想想你自己的情況，是不是感覺這句話沒什麼問題呀？我不否認很多有這種想法的人，他們真的沒有誇大，他們說的就是事實。雖然如此，我並沒有急於說出解答。**不管面對什麼樣的問題，不要著急動手，先想想這是認知上還是操作上的問題**。如果是認知上的問題，這就需要你捅破那層窗戶紙；如果是操作上的問題，那麼你需要的就是一個工具。只有對問題的屬性做出準確的判斷，在解決問題時才能做到精準高效。

上文提到學員們的回饋屬於認知方面的問題，而解決這個問題的手段就是利他思維。什麼是利他思維？就是**在考慮問題的時候，站在他人利益的角度，以維護和滿足他人的需求為出發點**。這是一個看待問題的全新視角，對於有些問題，只站在自己的角度看它是無解的，但是換一個新的角度看，解決起來就容易多了。運用利他思維，常常會有意想不到的驚喜。

有個非常典型的例子，就是阿里巴巴的支付寶。支付寶是阿里巴巴非常重要的板塊，為阿里巴巴帶來極為可觀的效益。資料顯示，二〇一七年第一季，餘額寶的資產淨值就達到了一．一四萬億元，該季度的利潤達到了八十七．〇四億元，這僅僅只是餘額寶這一項，支付寶其他項目的效益簡直難以想像。

這麼大的生意是怎麼來的呢？要想讓客戶平白無故把錢放在你這裡，太難了。支付寶是怎麼做到的？阿里巴巴做支付寶這個產品的初衷是保證淘寶買家的利益。因為淘寶是一個網路交易平臺，買家在購買時只能根據賣家上傳的圖片和文案來判斷，線上所示產品難免會與實物有些差別，特別是衣服和鞋子，不同品牌的尺碼之間會有一定的差別，這就會造成退、換貨問題，當遇到一些產品品質問題的時候，解決起來就更加麻煩。

如果買家直接把錢交給賣家，賣家若不誠信，那麼買家利益就得不到保障，但是反過來說，如果全部採取貨到付款，那麼賣家的利益也得不到保障，所以阿里巴巴打造了一個協力廠商支付平臺，就是支付寶。買家下單時把貨款交付給支付寶，而不是直接給賣家，只有當買家確認收貨之後，這筆錢才會由支付寶轉給賣家，這樣中間不管發生什麼樣的問題，買賣雙方的利益都能得到保證。

最大限度地保證買賣雙方的利益，這就是支付寶的出發點。支付寶後來的沉澱資金和隨之而來的利潤那不過是在幫買賣雙方解決了實際問題後的副產品。阿里巴巴在這件事上運用的就是利他思維，包括後來螞蟻集團的出發點都是一樣的，所以它們才得以快速發展壯大。

支付寶的產生和發展很好地印證了利他思維所蘊含的巨大力量，再回到最一開始的問題：明明一無所有，又該拿什麼奉獻給我的貴人？我們用利他思維，換一個視角，從對方的利益和需求上來看待這個問題。

比如你的貴人是你的上司，作為公司的一名主管，他每天要處理很多事情，時間和精力對他來說就是最稀缺的資源。但是他所處理的事情當中，有一大部分是遠遠超出你的能力範圍的，這些事你根本無能為力。

不過還有些事情是不需要他親力親為的，我把完成這些事情所需要的時間和精力叫作「無差別資源」，也就是說這些事情由他去辦或者由你去辦，再或者由別人來辦，產生的效果都是一樣的，只要付出時間和精力就好，至於是誰來付出，產生的結果沒有本質上的區別。

但是你如果能在這些事情上用你的時間和精力置換出你上司的時間和精力，那麼你所付出的時間和精力便有了跟你上司的時間和精力一樣的價值。反過來再看，作為新人的你擁有多少時間和精力？你還會以為自己一無所有嗎？這就是那層需要被捅破的窗戶紙，用利他思維來思考一下，是不是馬上就能明白了呢？

捅破了這層窗戶紙，你在自己眼中的價值與之前相比，可謂是截然不同。你會赫然發現，原來自己認為的一無所有不過是個假象。原本以為不可跨越的障礙，現在看也不過是一層一捅就破的窗戶紙。

作為一個新晉奮鬥者，要習慣運用利他思維站在你身邊的貴人、主管、前輩或者各路大咖的立場上思考問題，看看他們有多少時間和精力是浪費在那些用無差別資源就能夠辦好的事情上，然後用你的時間和精力把它們置換出來。這樣一來，你平時用來發呆和糾結的時間就能為你創造出難以想像的價值。

02 跟大咖親密接觸的底氣

「墨菲定律」被稱為二十世紀西方文化的三大發現之一，很多人也許對這個定律沒有那麼瞭解，不過，我們應該對一句話不陌生：「為什麼越擔心的事，就越容易發生？」這句話就是墨菲定律的核心內容。

墨菲定律常被稱作定律中的定律，被置於其他定律之上，它的效應不分年齡也不分領域，不管你是哪個行業，墨菲定律都有辦法把你絆倒，你越是擔心什麼，就越有可能發生。這是一個普遍的事實，以至於英國科普作家理查德·羅賓遜還專門為此寫了一本書：《無處不在的墨菲定律：為什麼越擔心的事越會發生》（*The science of murphy's law*）。

不過本書並不是要討論墨菲定律，提起它是因為我在某一時期經常聽到它，特別是在我告訴學員們運用利他思維站在貴人的立場上來看待自己的價值之後。在這期間的學員回饋中，我頻繁聽到「墨菲定律」，大概的句式是這樣的：

「萌姐，當我準備開口幫上司做一些事的時候，簡直比求他幫忙還要緊張。萬一他不領情的話，那豈不是很尷尬嗎？結果就真的很尷尬，真是越擔心什麼就越會發生什麼。」

「萌姐，我是不是墨菲定律了？我就擔心他懷疑我別有用心，結果他的眼神和表情告訴我，他就是這麼想的。」

難道真是墨菲定律在作怪嗎？根本不是。透過進一步詢問和瞭解，我知道他們的問題根本就不在這裡。之所以發生了他們擔心的事，是因為他們在這件事情上用的都是「靶向原則」。

什麼是「靶向原則」？就是做事情像射擊打靶一樣，瞄準目標直接開槍。

眾所周知，從當下的技術水準來講，讓子彈轉彎是不可能的，子彈一出膛就會沿一條直線往標靶而去，這用來射擊肯定是沒有問題的，但是用來結識大咖，那問題就大了。

要想運用「靶向原則」，首先得確定你的目標是一個靶子，既不會躲避也不會格擋，還不會有負面情緒。然而這些條件在你的社交目標上統統不會出現，這就是出現問題的根本原因——選擇的方式就是錯的，得不到自己想要的結果自然是情理之中的事情。

不過，面對比自己強大許多的人時，忐忑不安是任何人都會有的情緒，想到不好的結果也是很正常的。當不滿意的結果出現時，我們都會下意識地從外界尋找原因，這是由我們的歸因意識決定的。由此一來，很多人就會覺得是自己被墨菲定律，其實根本不是這樣。

雖然並不是墨菲定律在作怪，但是這個問題依然是要解決的，不然我們前面的努力就沒有價值了，我們所做的各種投資就會變成資源浪費。於是我就問了那些沒有向我尋求幫助的人，他們就沒有那種遇到墨菲定律的感覺，因為這件事情他們完成得很漂亮，得到的就是自己想要的結果，甚至還超出了自己的預期。

他們的做法有什麼不一樣嗎？確實有。

為了便於大家對照學習，我把他們的不同之處做了以下歸納，希望大家能從中總結出破局的方法。

直接詢問、用心觀察

這是他們做事的第一個區別，覺得在做事情時遇到墨菲定律的人，採用的方式通常都比較簡單直接，有的甚至直接去問：「主管，您有什麼事情需要我幫忙的嗎？」還有比這更糟糕的方法嗎？

想想看，如果換成你是上司，你會有什麼樣的反應？大多數被這樣問的人反應都是類似於「是你有事要找我幫忙吧？」、「你找我有什麼事嗎？」或者「你沒什麼事情做了嗎？」這些反應的潛臺詞很明顯：這個人不老實，不安於本職工作，天天花心思觀察上司。一旦如此，還能期望有什麼好結果嗎？當然不能。

但是不問又怎麼知道有什麼地方是可以讓我們用自己的無差別資源，把上司的無差別資源置換出來，幫助他省力、省時間呢？

那些把事情辦得很漂亮的人從來都不會直接開口詢問，而是用心觀察，從細節看出端倪，答案就在自己心中。

只盯著目標本身、關心他所關心的一切

那些覺得遇到墨菲定律的人，一旦確定了目標，眼裡就再也看不見別的東西了。比如他想與某人達成某種合作，合作一旦實現，將會對他有很大的幫助，這個人就是他的貴人。一旦認定了這點，他就會緊盯目標不放，並尋找一切機會去幫對方的忙。這麼做只會讓事情變得很困難，你會發現只從目標本身出發的話，很少能找到合適的機會。

而另外一些人就不會這樣做，他們不會只盯著目標不放，而是能夠把目光從目標本身向外放大，覆蓋到目標所覆蓋的一切。這樣一來，找到合適的機會就不再是什麼困難的事情了。只有做到這一點，才能做到急他人之所急，你所提供的幫助才是對方無法拒絕的。

如果你能……、如果你需要的話……

這是在提供別人幫助時，兩種完全不同的表達方式，區別在於是不是能夠站在對方的立場上考慮問題，能否做到既幫別人解決了問題，又給足了對方面子。畢竟我們素來有「不食嗟來之食」的傳統，不到萬不得已，沒有誰會接受用自己的面子去換取別人的幫助。更何況，你提供幫助的人還是那些看起來比較強大的大咖。

所以，當一些人在提供對方幫助的時候以「如果您能……」這樣的句式開口，就等於是暗示要想得到這樣的幫助，對方就得先做到某些事情以作為前提。這話語當中滿滿的交換意味會讓對方覺得受到了威脅，這就註定了接下來事情的走向不會向好的方向發展，慣用這種方式向對方提供說明的人，後來都只好再次向我尋求幫助。

而另一些人卻會用這樣的方式開口：「我最近剛好在做○○○，有一些富裕的○○○，這個對○○○來說挺有好處的，您看看身邊認識的人當中有沒有需要的。如果您需要的話，可以○○○，不然浪費了挺可惜的。」

就算在這件事情上，你所提供的在對方看來是非常有價值的，這個價值也是需要由對方說出來的，而你能說的只是「浪費了也挺可惜的」這樣的話。其中的價值和含義大家心知肚明，你這麼做是在提供幫助的同時，也表達了對對方的尊重。給對方面子這種事，大家心照不宣就是了，說出來反而會適得其反，所以開口表達的方式很重要，要慎之又慎才行。

比較過後，我們就不難看出這其中的門道了。那些把事情辦得很漂亮的人，他們不管是平時留心觀察還是關心對方所關心的一切，再或者是運用恰當的表達方式，都既能給對方以實惠，又能給對方面子。

這些做法都有一個共同的根基，那就是你一定要非常真誠地站在對方的立場上，以對方的視角來看待這件事，這其實也是我一再強調的利他思維。只有這種真的把對方放在心裡的人，才能把這件事做得恰到好處。

以上對比的這三種不同可以作為借鑑也可以看成是禁忌，都需要你牢牢記住。但是後面特意強調的利他思維，是基礎、是源頭，更要深入領會才行。列出這三個緊要之處，是希望能幫助你做好這三個關鍵的步驟，最後強調內在的核心是為了讓你能舉一反三以做好其他更多的細節。畢竟我們不可能還原所有的細節，但是每一個細節上的疏忽都有可能改變事情的走向。所以不管是這三個關鍵步驟的具體做法還是作為基礎的內涵，都希望你牢記在心。

03 用線繩的覺悟換取珍珠的身價

我曾經寫過一篇文章，標題是「你的社交圈就是你的身價」，這篇文章也是送給那些剛入職場不久，自認為沒有多少資源的學員去建立自己的社會資本的。美國著名的商業哲學家、成功學之父吉姆．羅恩說過一句話：「你就是和你最常來往的五個人的平均值。」意思是說，要想清楚自己的身價，只需要把你平時來往最多的五個人的身價除以五，得出的那個平均數，就是你自己的。還有一句話叫「再窮也要站在富人堆裡」，這句話並非是說硬要跟一群有錢人站在一起，此「富」非彼「富」，這裡的「富人」是指那些資歷雄厚、資源強大的大咖，他們是未來有可能為你提供助力的貴人，「站在富人堆裡」則是強調要提高自身價值。

為什麼說你的社交圈決定你的身價？你可以仔細想一想，朋友圈當中你跟誰來往最多，是你周圍的朋友、你的青梅竹馬，還是其他人？如果你交往的大多數人屬於同一種類型，毋庸置疑你就是一個這樣的人。如果這麼想像還是不夠直觀的話，你就在他們當中去掉一個最強的和一個最弱的，然後找出五個人算出他們身價的平均值，最後你很快就會印證這一點：與誰在一起待久了，你就會成為怎樣的人。

換句話說，**你的朋友圈、人脈圈、社交圈就代表著你自己，他們就是你的淨值、你的身價。**這種情況是怎麼發生的？原因就在於你所結交的人脈，你所處的圈層，它們最重要的價值不在於你認識多少人，或者你能夠透過認識的人來獲取多少價值，而在於你所處的圈層所提供的資訊和認知。

一個人的資訊是來自不同圈層的，假如你的人脈圈、社交圈都是你的同學或同鄉，那麼你的同鄉、同學的平均認知水準就決定了你資訊獲取的深度和廣度。但是如果你的夢想很大，要透過整合全球資源的方式才能實現，那你就必須擁有全球範圍的一套人脈體系。

二〇一五年，我創辦了青年大會，當時第一屆大會的主題就是「創業元年」。人脈不是角色，人脈的本質是資源，是可以幫你解決問題的資源。而資源的定義是什麼？是人、是機會、是財富、是資訊。**用高情商累積人脈，是為了讓人脈為你所用，**

讓你能夠從中獲取資源，提升人生效率，實現人生目標，這是我一直在強調的高情商價值體系，但是如何才能把這個理念變成事實呢？我們先來看一個故事。

我非常佩服一位國外的時尚人物，他叫安娜．溫圖（Anna Wintour），他是著名的時尚雜誌《Vogue》美國版的主編，也就是《穿著Prada的惡魔》的主角在現實中的原型。在時尚圈，溫圖這個名字早已成為時尚的代名詞，無論他出現在哪裡，都會成為全場的焦點。剃刀般鋒利的碎短髮，加上一副大大的墨鏡，風姿綽約、儀態萬方。

在時尚圈，溫圖已算是登上了頂峰，那麼他是如何做到這一點的呢？首先，他的天賦和努力肯定是必不可少的，但除此之外，還有一個非常重要的原因就是他為那些神級貴人主動提供幫助。

他在歐巴馬兩次競選總統的過程中，為歐巴馬募捐了幾千萬美金，同時還擔任了蜜雪兒．歐巴馬的形象顧問。蜜雪兒曾經登上三次《Vogue》的封面，前美國第一夫人梅蘭妮亞．川普也於二〇〇五年登上了《Vogue》封面。

溫圖說：「《Vogue》一直有讓美國第一夫人登上封面的傳統，我無法想像這次會有什麼不同。」在美國大選期間，《Vogue》行了創刊以來首次對總統候選人的背書，公開支持希拉蕊・克林頓。

溫圖在談及他和《Vogue》編輯團隊時說：「我們覺得那顯然是女性創造歷史的時刻。有時，就像你要出任某一個重要的領導職位，對我來說這意味著對女性的支援。」你可以看到，溫圖——穿Prada的女魔頭，為這些人提供幫助，讓自己站在跟他們一樣的高度，成為跟他們一樣的人，他在時尚界的地位可想而知。

或許有人會問：「我又不是穿Prada的女魔頭，沒辦法像他那麼厲害，我又該怎麼跟我的貴人站在一起，成為他們那樣的人呢？」那就要用到一個定律——繩律。怎麼理解這個「繩律」呢？就是指像項鍊上那條把珍珠穿在一起的繩子一樣，**用自己的圈層把資歷和資源優於自己的人連結在一起，使自己擁有跟他們一樣的身價**。

這裡需要特別強調一點，繩律的核心並不是圈層也不是串聯，而是我們在溫圖的故事中所看到的「利他」，這是繩律成立的根本原因。只有採取對他們有益的方式，這個串聯才能實現，這個圈層才能成立，你才有可能把自己的身價提高到跟他們一樣的高度。我們在溫圖的故事中可以看到，他用自己在時尚圈中的宣傳優勢和專業優勢主動為自己的貴人提供幫助，他以自己為繩，結成以總統和第一夫人為核心的圈層，跟這些人站在一起的他，身價自然擺在那裡。

回到一開始的問題：「要怎麼樣才能站在富人堆裡？」只有解決了這個問題，「你的社交圈就是你的身價」這樣的說法才會有意義，而有意義的關鍵就是能上手操作、能直接實現價值。

跟富人站在一起不是要你絞盡腦汁硬擠進去，也不是用各種手腕強行和他們站在一起；這樣跟他們站在一起，是不會有任何意義的，甚至會被人恥笑。最多是你認識他們，但是他們卻不認識你，或者更糟，他們以一種負面形式記住了你，那就更加得不償失了。**站在富人堆裡的正確方式是主動為他們提供幫助**，不要說自己只是個普通人，怎麼能夠為那些大咖提供幫助呢？回想一下上節的知識，就不會覺得這有多困難了。為了保證能把這件事做得更加漂亮，盡量做到以下三個關鍵：

首先，斜槓一下

如果你是一個奮鬥青年，應該不會對「斜槓青年」感到陌生。

我將斜槓稱為跨界，這裡包括知識、教育層面的跨界，職業的跨界，或者透過自己的愛好、特長實現跨界，這些在實質上都沒有什麼不同。

透過斜槓，你解鎖一項新技能就等於是多了為大咖提供幫助的機會。比如作為「碼農」的你，「斜槓」了兼職健身教練，那麼在你的工作圈裡，不管那些大神的技術能夠甩你幾條街，在健身這件事上他們也需要你的說明，然後他們就有可能成為你的貴人，在關鍵的時候助你一臂之力。

其次，不斷精進

自我的疊代其實就是自我的成長，當你自己已經疊代成升級版時，圍繞著你的圈層自然也會跟著升級。比如大家熟悉的 Facebook 執行長雪柔．桑德伯格，他最初也是一個職場菜鳥，但是透過不斷疊代自己，先是到 Google 從業，之後又努力奮進，當選了 Facebook 的首席運行官，到後來成為全球傑出女性代表，他的努力不斷為他自身升級價值圈層。

最後，穿針引線

在用繩律來拓展資源的時候，不僅要具有向內求索的精神，還要學會向外界借力。比如你有一個朋友是某醫院的兒科醫生，而另外一個朋友剛好有個寶寶，那你就可以透過自己的介紹幫他們建立連結，但切忌用幫忙的形式。

要知道作為一名醫生，每天都會碰到大量透過熟人朋友介紹來向他求助的人，如果你也這麼做，就很有可能會被他找藉口推託掉，而且這種情況出現多了，你們之間友誼的小船也就傾覆了，你這就不是在拓展資源，而是在損毀資源。正確的做法是運用利他思維做這件事，就像上文所述，把單純請人幫忙這件事變成雙贏或者多贏，這就是繩律。

需要注意的是，**我們認同人脈很重要，但是並不贊同過度依賴人脈，更不提倡使用各種所謂的社交手腕來強行擠進富人堆裡。不管是「斜槓」還是精進，都是為了讓自己變得更好，能掌握更多為你的貴人提供幫助的機會**。只有你自己變得更加優秀之後，來自圈層的助力才能體現出最大的價值，你在奮鬥這條道路上才會有更多選擇。

若你不夠強大，再多的幫助也於事無補。

如果你現在還不是一顆珍珠，就要有甘於做為那根繩子的覺悟；但是當繩子也要有自己的長處，也得具備珍珠不具備的優勢，也得能為他們提供幫助。**繩律，付出是一種心態，利他是一個角度，能助人是一種能力，三根支柱缺一不可。**

04 擺脫路人甲的困境只需要5步驟

很多人都想擁有強大的人脈資源，於是就想方設法來結識各個行業的大咖，並以自己通訊錄中有某某的聯繫方式為傲。但實際上，這種從社交場合得來的某位陌生大咖的聯繫方式並不是真正的人脈，這樣的假象往往到自己準備用來「變現」時才會被戳破，而且十有八九都會發生在一種非常尷尬的場面中。如在電話裡熱情地跟對方寒暄，說了半天對方還是想不起來他到底是誰；或者乾脆直接找上門去，跟人家裝熟攀談，對方卻只擠出一絲尷尬而不失禮貌的微笑。一旦遇上這種情況，那就不難想像他成事的機率了。

他們確實一起吃過飯，或者一起參加過什麼活動，他們之間也確實有過交談，對方不僅給了他聯絡方式，也許還說過「需要幫忙儘管開口」之類的話。然而，對方不過是出於社交禮儀在說一些場面話罷了。當一方還在津津樂道這些細節的時候，另一方早就將此忘到九霄雲外了，這就是我們常說的「你把人家當朋友，人家只把你當成了路人甲」。這在年輕人當中是非常常見的情況，尤其是那些沒錢、沒權、沒背景的「三無」青年，對這樣的窘境早就司空見慣了。為什麼會這樣？這就是社交關係的不對等，原因就在於各自資源的不對等。

占有強大資源優勢的一方在另一方眼裡等於是自帶主角光環，他的每一個細節都會被另一方記住，而處於資源劣勢的那一方在對方的眼裡，完全就像是臨演中的路人甲，離開相遇場景之後根本就沒有被想起來的可能性，那麼這種尷尬的社交困境到底能不能破呢？當然能，現在我就跟大家分享一個社交的催化劑，只要做好這五步，就能把路人甲演成一個主角，雖然沒有主角光環，但是可以擺脫尷尬的路人甲困境。

當你已經找到你想結識的目標對象的時候，接下來要做的事就是快速拉近你和對方之間的距離，將對方迅速從陌生人轉化為你的人脈。從陌生人開始發展的人脈關係，一般來說屬於人脈圈中較弱的關係，我們需要為這種弱關係逐步建立起強連結，有效拉近與目標對象之間的距離，從而將微弱關係轉化為強力關係。

這種強力關係，可以按照以下幾步來建立：

第一步：給對方足夠的安全感

不信任感是關係升級的最大障礙，很多時候陌生人之間之所以保持距離和沉默，很難敞開心扉暢所欲言，是因為人們對不瞭解、不熟悉的事物天生抱有不信任感，因此，轉化陌生人脈的第一步就是要化解這種不信任感。這就需要注意人際交往過程中的重要細節，用這些細節化解對方的不適感，消除對方對你的不信任感。

人為什麼會對陌生人保持警惕？這其實是一種自我保護機制，一旦對方判斷你對他很友好，沒有威脅，他就會放下防備，所以你一定要留給對方良好的第一印象。如果你面對的陌生人是一個重要人物，那就更應該如此，因為重要人物都將時間看得特別重要，他們沒有時間關注你的長期表現，所以在初次見面的時候，你就要打動對方。

良好的第一印象，80％取決於外表。外表不是指長相，而是指你的著裝、體態、神情、舉止等方面的細節，甚至包括你說話的音調、語氣、語速、節奏，這些都是需要精心修飾的部分。如果你看起來就像是一個成功人士，別人一開始就不會猜測你是個失敗者。

第二步：熱情，但是要有分寸

一定要主動交流，先發出友好的信號。一方面，被動可能會讓你流失80％的潛在關係；另一方面，主動的人往往能夠主導聊天過程，在變陌生為熟悉的過程中，這就等於成功了一半。對於處於資源劣勢的一方來說更應該主動，你不主動，對方很難從人群中注意到你。所以要想把雙方的關係進一步深化，你就得主動，就得熱情，不過你的主動和熱情一定要把握好分寸，否則對方難免會有一種被冒犯的感覺。

要想把握好分寸，就要善用微笑的表情、讚美的語言，保持自信、放鬆的對話狀態，不要把對方當成陌生人，而要像平常和朋友聊天一樣，慢慢地，對方就會接收到這一點，和你一樣放鬆下來。其中可以用到一個小技巧，你可以有意暴露自己一些無傷大雅的小缺點，適當自嘲，這會更容易讓對方對你產生親近感和信任感。

第三步：主場轉換，把主動權交給對方

對方是一場晚宴的主人，而你是受邀的來賓也好，還是你們都是受邀的賓客也好，不管在什麼樣的場合，資源劣勢的一方總是要主動承擔起破冰的任務。這就等於開始時，主動權是在你的手裡，但是當對方對你有了還不錯的印象，感覺漸入佳境的時候，你一定要抓準時機把主動權交出去，讓對方找到主場的感覺，只有這樣，對方的情緒才能被調動，對方對這次交談的印象才會深刻。

要想讓對方順利地接過主動權，你應該在和對方交流之前，先認真觀察對方，包括對方的外貌、著裝細節，找到交流的切入點。而後在交流的時候，態度認真誠懇，多問、少說，盡量引導對方談論對方自己。

在談話的過程中，要瞭解對方的需求，並及時給予回饋。同時，為了避免對方沒接過主動權而造成尷尬，你最好在平時就為自己準備一份談話清單，上面列舉和目標對象聊天時可問的問題、你擅長的話題，以及被問到某些問題時常用的回答。

按照這張清單，經常自我訓練，及時更新，就能做到自如應對。

第四步：麻煩一下別人，讓感情在相互幫助中升溫

一直以來，老師和家長都在試圖告訴我們一個做人的道理——千萬不要給別人添麻煩。不過在修練高情商的路上，不僅不要害怕給別人添麻煩，而且在某種意義上，人情債絕對稱得上是「關係神器」。

人們總是在你欠我、我欠你，或者你還我、我再還你的過程中建立越來越牢靠的關係。當雙方聊得越來越嗨，感情已經在快速升溫的時候，你就應該適當地製造一些「麻煩」了，這並非是讓你故意找對方的麻煩，而是巧妙地向對方求助一些小問題。不管是你麻煩一下他，還是讓他麻煩一下你，都會讓彼此之間的關係更進一步。俗話說得好，只有相互欠著的兩個人才會念念不忘。

但是無論是你麻煩一下他，還是讓他麻煩一下你，都需要運用一些技巧。初次見面時千萬不要直接牽涉金錢或者其他敏感事務，這樣反而容易讓對方心生警惕，覺得你別有用心。對於暫時還比較生疏的關係，舉手之勞的程度會更好，比如對方有一些困擾，你就給予一些經驗之談；對方正在尋找合作機會，你就介紹一些朋友給對方認

識；對方有某些愛好，你就介紹相關圈子給對方。與此同時，你也可以適當地向對方傾訴一些自己的困擾，向對方徵求意見，或者尋求對方的小小幫助。

這一切一定要建立在仔細聆聽的基礎上，如果你要麻煩對方，就從對方的談話中找出對方最得意的地方，然後引導對方用自己最得意的方式幫你一個小忙。如果你想讓對方麻煩你一下，就從談話中發現對方的需求，投其所好，然後你們之間的親近關係就在這個互相幫助、互相麻煩的過程中慢慢形成了。

第五步：建立聯盟，利用歸屬感將對方變成「自己人」

找到共同的標籤，建立「聯盟」。「聯盟」這個概念是社會心理學家羅伯特・西奧迪尼在他的著作《影響力：讓人乖乖聽話的說服術》中提出來的，是他研究的「影響力七大武器」之一——如果你能夠和別人建立聯盟關係，你就能夠影響到別人。

針對聯盟關係，西奧迪尼提出了兩個理念：身心合一和行動合一。簡單來說，你可以透過為自己和對方打上同樣的標籤，把對方迅速變成「自己人」。一旦成為「自己人」，陌生人之間最重要的信任問題、溝通問題就全都解決了。比方說，你們是同鄉，哪怕只是來自同一個地方甚至隔壁城市；或是同學，哪怕只是同一所大學的不同分校，也足以讓你找到兩人共同的標籤。再比如方言、文化習俗、口味、共同的校園文化、學習環境等，任何一個標籤，都能夠迅速拉近彼此之間的心理距離。

擺脫社交中路人甲的尷尬處境，你需要做到以上五步驟。但這五步驟有一個基礎，那就是一定要學會站在對方的立場上來考慮對方的顧慮、感受和需求，然後一一滿足，這就是我們一直在講的利他，這一原則你落實得越澈底，你的主角光環就會越耀眼。

05 所謂人脈焦慮，不過是種假象

這是一個充滿焦慮的時代，很多人都存在著不同程度的焦慮症狀，最典型的三種焦慮就是知識焦慮、時間焦慮和人脈焦慮。焦慮的人越來越覺得自己知道得太少，要學的太多，為了不被時代拋棄，拚命把所有能接觸到的書籍、課程收入囊中，只有這樣才能感到心中稍安。他們一直在思考一個世界性的難題：「時間都去哪了？」然後在手機、電腦上裝滿各種時間管理類的程式，以為這樣就可以鎖住時間。他們的各種社交軟體裡已經人滿為患，但還是沒辦法停止結交新「朋友」，於是就產生了一種說法：焦慮是一種精英病，你焦慮恰恰說明你優秀，你在追求上進，你是一個奮鬥者。

對這個問題你們怎麼看？在我看來，這種說法只說出了願望，卻沒有道出結果和真相。我們得承認，有知識焦慮、時間焦慮和人脈焦慮的人，他們之所以焦慮，是因為他們有想變得更好的願望，但是這並不等於說他就是一個奮鬥者，只能說他有一顆想要成為奮鬥者的心，而這不是結果。

為什麼這麼說？因為我見過很多焦慮者到最後不但沒變成奮鬥者，反而變成了一個終身焦慮者。他們的發展過程大致上是這樣的，只知道自己要學的東西很多，卻不知道多到什麼程度，於是常常會匆忙買入各種課程，但是買了之後就沒了下一步，緊接著又趕著去買下一門課程；手機裡明明有很多時間管理APP，時間卻越管越少；遇到自己無法解決的事情時總是不知道該找誰來幫忙，越來越覺得自己人脈不足，然後開始瘋狂結交各路大咖，可是他卻不知道，自己的通訊錄中其實早就有能夠為自己提供幫助的人。

這些終身焦慮者都有一個相當逼真的奮鬥者假象，他們的忙碌通常可以感動自己，這是他們繼續忙碌下去的動力，但是他們真的算不上是一個純粹意義上的奮鬥者。對真正的奮鬥者來說，焦慮是暫時性的，而終身焦慮者的焦慮已經陷入了一個循環，如果不能打破這種循環，就永遠不會有出頭的那一天。

那麼這種循環又該如何去打破呢？三種焦慮自然需要三種不同的方法，前兩種關於如何精進自己完成疊代升級的內容，我已經在我的第七本書《加速：從拖延到高效》中詳細介紹過，在本書中我們來解決第三種焦慮——人脈焦慮，我稱之為人脈饑渴症。人脈饑渴症其實並不是人脈真的不夠，而是你覺得人脈不夠。那麼治療人脈饑渴症的實際方法是什麼？就是「10／20／150法則」和年度人脈關係管理系統。學會了這兩個方法，你就不會輕易陷入「明明身邊有大把的資源，卻總因為資源太少而焦慮」的困境。

「10／20／150法則」是做什麼用的？就是用來管理通訊錄的。從這一點來說的話，也許會有人覺得不屑，因為自己的手機通訊錄已經做了嚴格的分類還加了備註，醫生、教師等行業資訊標注得非常清楚。他們認為將通訊錄連絡人加了備註就是做好了人脈管理，但其實遠遠不夠。

要想管理好自己的人脈，一定要學會運用10／20／150法則。十、二十、一百五十一共是一百八十人，也就是說，你並不需要維護好所有的人際關係，只需要管理好與你人生中最重要的一百八十人的關係，而且這一百八十人絕不是固定清單，一定是不斷變化、更新的，因為你在不斷成長，隨著你目標的實現，遇到的人也在不斷地更新變化。

十人管理法則

這10個人是你的至親至愛，他們是永遠不會跟你翻臉的人，他們的存在超越了交換價值，你願意無條件付出，比如你的父母、伴侶、子女、生死兄弟和不會對你背信棄義的朋友等。這些人跟你在一起的時間最長，你與他們的關係也超越了對普通朋友的信賴，那麼管理與這些人關係的方法要以真誠為依託，在他們的有生之年，你要用最大的努力去付出，比如對父母盡孝，善待自己的另一半。

二十人管理法則

這20人跟你今年要實現的主要目標相關。比如你的年終目標是加薪五萬到八萬，或者你想提升自己的演講能力，那麼你所建立的人脈資源就要圍繞著這個目標，把能助你實現目標的人列入20人名單。

千萬要記住，不能超過20人，因為管理人際關係是需要成本的，除了時間成本，還有精力成本、財務成本，這20人中的每個人都需要你付出相應的價值。試想，在你對他們進行時間投入的同時，你就不能做其他事情，表面來看，花費的看似是時間，其實這就是在花錢——我們每個人每小時都是有固定的時間成本的。如果你維護了這20人的關係，那耗費的時間成本，其實就可以換算成你的金錢價值。所以這20人一定要細細篩選，反復斟酌他們跟你的年度目標到底有沒有關係，一旦確定20人的名單，你就需要全情投入，而且還得用他們喜歡且能接受的方式投入。

一百五十人管理法則

我們每年都會認識很多人，但不是所有人都要成為你的朋友，一百五十人是20人的候補。一些人脈你可能今年用不到，但不代表你未來也用不到，它是你的人脈資源庫。換句話說，你這輩子到底要成為怎樣的人，跟這一百五十人密切相關。

值得注意的是，這一百五十人並非是一旦列入名單就一直處於名單內，比如彼此關係發生破裂、遇到特殊事件等，都需要重新調整這一百五十人的名單。與此相對的是，在這一年間你需要反復修正與更新這一百五十人的順序，你需要知道自己把時間花給了誰，這非常重要。

10／20／150法則算是一種人脈分類，將人脈進行分類後，我們還需要進入下一步，也就是治療人脈饑渴症的第二個方法：為自己建立一套年度人脈關係管理系統，也就是社會資本管理系統。**年度人脈關係管理系統是根據年度目標建立的，它屬於未來你要實現目標的間接性實現方式**。那麼該如何建立呢？你可以每年為自己制訂一本專屬的人脈關係管理手冊，也就是我經常說的「社會資本」筆記本，運用工具來實現你人際關係的高效管理。

有了工具以後，我們首先要做的就是做標記，你要知道如何替別人上標籤，在你的社會資本管理系統當中，要有一套自己給標籤的方法，不要做類似於「同學A」這種籠統的備註，因為過一段時間，你就很難再記起這個人是誰了。標記對象時，你可以留意兩個範疇。

第一個範疇是對方個人的基本情況，如生日、喜好等，這裡面又有五個具體的標記事項：

1. 你跟對方是什麼關係：這個一定要描述清楚，這個關係不是你自己主觀認為的關係，而是你們的真實關係，比如表面上看起來你們可能是師徒，私下可能是朋友，你要列出你們雙方都認同的關係。

2. 對方的生日：這裡要記得做特殊標注，很多中國人的傳統是過農曆生日，不過陽曆生日，所以你要搞清楚對方到底過農曆還是陽曆生日，不要在錯誤的時間送上祝福。

3. 對方的父母和子女的情況：他的父母和子女分別是誰。如果對方是你的20人序列中的一員，甚至是10人序列中的一分子，你一定要非常重視這個問題。

4. 喜好問題：即對方真正愛好什麼。

5. 對對方來說非常重要的日子：你需要在跟對方聊天的時候，留意這樣的資訊。比如大考的日子或者結婚紀念日等，因為在適當的時候，你可以巧妙地為對方慶祝。

第二個範疇是你跟對方之間的關係，需要進行標記和評價，內容包括你們是怎麼相識的，有哪些共同的朋友，共同朋友在一定程度上會決定著你們的共同話題，還有對方的重要經歷是什麼等。

我們不管是對人脈資源進行詳盡的分類，還是制訂年度人脈管理系統，這都是一個過程、一種方法，本質上是對現有的人脈資源進行徹底的盤點並時時更新。有句話叫作「家裡有糧，心中不慌」，之所以會因為缺少人脈而心慌焦慮，都是因為不知道自己「有糧」，透過仔細盤點就能把自己所掌握的人脈資源做到心中有數，所謂的人脈饑渴症自然也就能被治癒了。明白了這一點，「10／20／150法則」和年度人脈關係管理系統才能發揮出更好的效果。

第四章

跟圈外人交朋友，
高情商者的圈層融合法

01 有多少種朋友，你就有多少種可能

先來講一個故事，這個故事的主人公叫思穎，也是我現在的青創合夥人。這個故事發生的時候，思穎剛剛接觸高情商課程，正處於一邊學習一邊實踐的階段。有一次他在微信上跟我說：「萌姐，我有一個問題不知道該怎麼跟你說。」透過這一句話，我就知道這是一個很會溝通的女孩。

為什麼？因為他的開場白是「我不知道該怎麼跟你說」，而不是「我有一些話不知道該不該說」。這兩者有什麼區別嗎？當然有。第一句話的潛臺詞是：如果我表達得不是很恰當，那可能只是我表達的問題，而不是我要表達的內容有問題，你只要再給我一個機會，我就能把問題說得更加清晰、明瞭。而第二種開場白的潛臺詞是：我要說的這些話我自己也不太確定到底是不是個好問題，它到底有沒有價值。

第二種是「授人以柄」的開場白，要不要開啟這段對話，將主動權完全交到對方

手中，如果對方此時不想談這個話題，或者不是一個很好說話的人，對方很有可能會按下終止鍵。思穎的開場白不僅讓對方沒有封殺的機會，無形當中還為自己多爭取了一次修正的機會，這個溝通技巧的巧妙運用，讓他為自己爭取了不少印象分。

我跟他說：「別擔心，想怎麼說就怎麼說。萌姐就是來解決問題的，不會害怕問題。」果然，思穎接下來所說的真的帶給我驚喜。

他說：「萌姐，我發現不管怎麼說，拓展自己的社交資源，其實就是在交朋友。而且我並不覺得跟別人交朋友有多難，我覺得自己還算是一個比較會交朋友的人。可是我只有在面對自己想要認識的人的時候才會覺得輕鬆自在，而與那些我沒什麼感覺的人交朋友，就會覺得很彆扭。所以我的問題就是，我只想跟自己喜歡的人交朋友，對於其他人我不是不能，而是不願意跟他們交朋友。我這樣做、這樣想是不是有問題？我也知道可能會有問題，但是我不知道到底是哪裡出了問題。或者說我想要改變自己這種想法的話，我應該怎麼做呢？」

「這真的是個好問題，我應該向你表示感謝。」當思穎說完以後，我這麼跟他說。這確實是個好問題，很多人都會遇到。既然這是個好問題，那就必須認真對待。

要想好好解決這個問題，我們首先要明確兩個事實，第一個是，不管你是否注意到，也不管你是否把它當成問題，這都是一個非常普遍的現象，跟個體差異無關。第二個就是，這是由人的心理特徵決定的，無關其他。

遇上這樣的情況既沒有必要妄自菲薄，也沒有必要刻意隱瞞或者硬碰硬，而要正視它、接受它，然後才能尋求更好的解決辦法。

認識到這兩個事實之後，我們再來看大多數人的兩種典型做法。第一種，覺得這樣就挺好，遇上跟自己同一類的人，跟他們相處比較舒適，那就跟他們交朋友好了。至於那些跟自己明顯不是同一類的人，既然跟他們在一起感覺很尷尬，還沒什麼好聊的，那就不接近他們，或者乾脆跟他們劃清界限。

那這麼做會有什麼樣的結果呢？結果就是你的人脈圈會越來越像你自己，你們興趣愛好相同、生活習慣相同，就連做事和思考問題的方式都是一樣的，很多事情你不用問就能知道他們會有什麼樣的看法。

這樣確實會讓人覺得很舒服，但是要想得到不同的意見、聽到不同的聲音可真是太難了。生活在這樣的社交環境中，不僅不會碰撞出好的創意，而且時間久了還會感到孤單；雖然是一大群人在一起，但是這些人就像是複製貼上版本的自己。想像一下這樣的畫面，是不是有種詭異的感覺？這種順應本能的做法其實還挺可怕的。

那麼另一種做法呢？一心想讓自己走出心理舒適圈，敢於跟自己的本能硬碰硬，看起來對自己非常狠，但是這麼做又會有什麼樣的結果呢？其實早在很多年之前，就有人給出了答案。

美國心理學家西奧多．紐科姆（Theodore Mead Newcomb）曾經做過一個實驗，他們在大學附近租了一幢公寓，然後把不同類型的人放在同一間屋子裡住。當然在這之前他透過問卷的形式對他們的性格、愛好有了一定的瞭解，並跟學生們說只有服從他的安排才能免費入住。

一個學期以後，這些住在同一間屋子裡的不同類型學生不僅沒有成為朋友，反倒反目成仇了。與此同時，他還在另外的一些房間裡安排了一些明顯就是同一類人的學生，而這些學生在經過一個學期的相處之後都成了形影不離的好朋友。出現這樣的結果大家應該不會感到意外，因為我們都有跟不同類型和同類型的人相處過的經歷。

那麼到底要怎麼做才能解決這個問題呢？

順其自然不行，跟它硬碰硬更不行，那怎樣才行呢？我們需要明白一個道理：**人之所以不願意跟不像自己的人交朋友，並不是不知道跟互補的人交朋友的好處，而是擔心跟他們交朋友會受到傷害或遭到拒絕**。在得到足以消除被傷害或者被拒絕風險的保證之後，我們都更加傾向於去結交跟自己不同的人，從而接觸到更加多樣化的生活和思想。

以前之所以拒絕，是因為我們對那些不像自己的人的生活和思想知之甚少，不知道跟他們接觸之後會面臨什麼。同樣的，對方在接觸到跟他們不一樣的我們時，心中也會有同樣的顧慮，身處這種場景下的人就會被「黑暗森林法則[6]」支配，在無法判斷對方意圖時都會本能地提防甚至主動出擊。在這種情況下，還談什麼交朋友呢？反目成仇的可能性還比較大一些。

現在理解了是什麼在阻礙我們跟不像自己的人交朋友後，我們該如何破局呢？

6 黑暗森林法則：說法來自於劉慈欣的長篇科幻小說《三體》：「宇宙就是一座黑暗森林，每個文明都是帶槍的獵人，像幽靈般潛行於林間……不管是天仙般的少女還是天神般的男孩，能做的只有一件事：開槍消滅之。在這片森林中，他人就是地獄，就是永恆的威脅，任何暴露自己存在的生命都將很快被消滅。」

以下是幾個切實可用的破局方法：

1. 降低你的攻擊性

這不是指你真的具有多麼強的攻擊性，而是泛指那些有攻擊嫌疑的行動和語言，哪怕只是一個表情。在同類人的群體之中，你也許不用太在意這些，因為你們是同一類人，他們絕大多數情況下都能猜到你心裡是怎麼想的，你的言行並不會引起他們的誤會。

然而在非同類的人面前，被誤解的可能性就會大大提高，他們對你知之甚少，只能從你的言行、舉止和神態上做出判斷。這時候你就得十分小心，類似於「恕我直言……」、「我不是針對誰……」、「我這人說話直接……」這樣的句式就不要再用了，這樣的開場白後面的話更不能說出來，否則你這個想要結交互補性朋友的嘗試，多半只能以一種非常難看的方式結束了。另外，那些類似於緊緊盯著對方或者雙手抱胸這樣的舉動也要絕對避免。

2.在不同中尋找相同

有句話叫作「這個世界上不存在完全相同的兩片樹葉」，同理，這個世界上也不會存在完全不同的兩個人。也就是說，你和非同類的人肯定存在一些相同的東西，這就是你和對方之間發生連結的關鍵媒介，找到了這個媒介，就等於找到了你們開啟一段關係的按鈕。只要輕輕按下，就能擁有一個跟你互補的朋友。

比如，你是個設計師，對方是個客服經理，你們的職業不同，可能「三觀」也不同，但你們有可能是校友或者是同鄉，抑或是同一個星座。不管是什麼，總有一點是你們兩個人身上都有的，你的任務就是找到這一點。

3.如果有個「月老」，那就更好了

兩個完全陌生且不像的人，如果他們之間有一個共同連絡人，那麼建立關係就會容易很多。不管是對你還是對對方來說，有了這個「月老」替你們兩個人的人品和能力背書，就等於是得到了保證，有了這樣的保證，大家自然也會樂於結交不同的朋友了。所以，如果有可能，找一個你們的共同連絡人做你們的「月老」。

以上就是結交能夠互補朋友的幾個非常好用的方法，巧妙地運用這些方法，我們就能從容地去面對與我們非同類的人，就可以多樣化地拓展我們的人脈圈，從而見識到不同人眼中的世界，碰撞出更多的創意。

02 六度分隔理論，幫你拆掉圈層的壁壘

我曾經看過一篇文章，標題是「過年回家，如何跟圈外人解釋智能合約」。在此提到這篇文章，並非要為這篇文章的作者背書，因為我不認識他，也不是想向你介紹什麼叫作「智慧合約」，因為這跟我們修練高情商沒有直接關係。

我想說的是，這個標題中有一個詞叫作「圈外人」。在作者看來，對於「圈內人」來說，這篇文章最核心的內容「智慧合約」應該是一個入門的概念，即使如此，「圈內人」要想把這個觀念讓「圈外人」容易理解也是一件極其考驗功力的事情。看得出，這篇文章的作者應該是功力不俗的「圈內人」，也著實花費了一些心思盡可能地把話說得淺顯易懂，但是作為「圈外人」，我還是無法完全理解。

那麼問題來了，這到底是為什麼呢？因為我智商太低？理解能力有限？從我過去的學習和工作經歷來看，我的智商和接受新知識的能力還是可以的。難道是因為專業

知識不足？也許有這方面的原因，但是這不是主要的。最重要的原因是什麼？就是這個隔開「圈內人」和「圈外人」的壁壘。

圈子裡面是一個世界，圈子外面又是另一個世界，圈裡、圈外的世界迥然不同。為什麼呢？因為圈子內外的資訊是被完全阻斷的、不流通的，這種現象就是我們經常說的「圈層壁壘」，每個圈子就像是一個獨立的王國，王國之間被一道道壁壘相隔，頗有幾分小國寡民、老死不相往來的意思。

正是因為圈層壁壘對資訊的隔斷，圈內人的常識對圈外人來說成了玄之又玄的東西。這不是一種良好的社交狀態，跟我一直提倡的社交生態理念相去甚遠。什麼是社交生態？首先我們回歸到「生態」這個詞最初的意義。我們在瞭解自然生態環境的時候應該聽過一個概念叫作自然生態系統，我們以其中的森林生態系統為例。

那麼什麼是森林生態系統呢？比較官方的解釋是：森林生態系統是森林生物與環境之間、森林生物之間相互作用並產生能量轉換和物質循環的統一體系。這裡面有非常豐富的生物種群，各種群之間是一種既獨立又相互依存的關係，當能量在物質的各個種群之間穩定交換的時候，這個生態系統才是健康的。

我所提倡的社交生態，就是這樣的社交形態：**一個健康的社交生態系統內必須存在多樣化的圈層，各圈層既保持各自的獨立性，又能讓資訊和資源在它們之間穩定地流通，並在流通過程中產生價值。**沒有相對獨立、多樣化的圈層，這不能算是社交生態；資訊和資源在各圈層之間不能自由流通，這也不算是社交生態；資訊和資源在流通的過程中不能產生價值，這更不能算是一個穩定的社交生態系統。缺少其中任何一個特性，這個社交系統就不夠健康也不夠穩定。

因此，拆掉圈層壁壘就是建立社交生態的重中之重。能否拆除圈層之間的壁壘，實現資訊和資源在圈層之間的有效流通，決定著你的社交生態能否變成現實。那麼，我們要用什麼來拆除這個壁壘呢？以下跟大家分享一個拆除圈層壁壘的「神器」——六度分隔理論。

六度分隔理論在前幾年屬於比較熱門的話題，大家應該都不陌生。關於它的出處在此便不再贅述，用一句前幾年比較流行的說法，對六度分隔做一個整體的概述——「只需要透過六個人，你也可以認識歐巴馬」。當這句話廣為流行的時候，歐巴馬還是美國總統，他絕對是個熱門人物。聽起來足夠神奇吧，只需要透過六個人就可以認識這位人物，還能再更神奇一些嗎？然而這並不是瞎說，著名傳媒人、電視主持人梁文道就曾在節目中談到過這樣的觀點，這也就是我把六度分隔理論作為拆除圈層壁壘神器的原因所在。

這麼神奇的事情是怎麼做到的呢？說起來也不難理解，就是你認識一個朋友，你的朋友認識另一個朋友，然後這個朋友剛好又認識其他朋友，如此這般，透過六次人際關係的接力，目標就實現了。至於到底能不能真的認識歐巴馬，目前還沒有人做過實驗，但是想要透過這種方法認識能夠給你帶來助力的大咖還是可以實現的。

這個六度分隔理論在二十世紀六〇年代已經被提出，據說現在因為社交網路化的關係，找到你想結識的大咖已經不需要「六度」了，只需要「三度」甚至更短就能實現。但是這些並不重要，六度分隔理論作為拆除圈層壁壘的神器，大家所看重的並不是它的「六度」或者「三度」，而是這個理論得以成立的核心——「網狀連結」。

六度分隔理論只是一種客觀理論，它是對人際網的具體描述。六度分隔理論對於我們拓展人脈的作用在於它給出了一種可能性，讓我們用一種互聯的網狀思維重新打量我們的社交形態，然後把它變成我們所希望的那個樣子。這種改變所帶來的價值產出是我們想像不到的，那麼，怎麼才能實現呢？

社交的豐富性和多樣化

我對所有青創合夥人都有一個要求，因為他們是高情商課程的踐行者，我要求他們首先要做到社交的豐富性和多樣化，這是建立社交生態的基礎。幸運的是，在網路社交工具高度發展的今天，這並不是難以做到的事。

怎麼判斷自己的社交資源是不是合乎要求呢？我在要求他們做到這一點時，都會問他們幾個問題：「如果你想做一些跟自己的專業和職業不相關的事，能不能找到合適的人來幫你？這種跟自己的職業不同卻又能有合適的人來幫你的事情，你能想出幾件？」這種事情越多，說明你的社交資源的多樣性就越高。如果除了專業和職業之外，你不認識其他人了，那麼很遺憾，你已經被單一圈層同質化了。

分析，替你的資源做個「健檢」

如果你的社交資源夠豐富，接下來要做的事情就是為你的資源「健檢」，把自己的社交資源歸納成幾個不同的圈子，然後再對他們進行分析。怎麼分析呢？就用本書前面提到過的價值思維的三個點：「他們是誰？他們能提供什麼？他們需要什麼？」

這個分析不是要細分到每一個個體，而是要抓住這個圈層的主要特徵，並且對這個主要特徵定位越準確越好。比如說，這是一個工程師社群，這就比較籠統，如果改成這是一個三十歲以下、多數為單身的工程師社群，這就比較詳細也更加準確了。只有定位足夠準確，下面的「他們需要什麼」、「他們能提供什麼」這兩個問題的答案才能更準確。我建議你拿出一張紙，把分析的結果都寫在上面，以備用。

配對，讓資源相互流通

我們之前習以為常的存在圈層壁壘的社交形態是什麼樣的？是環狀的，都是一個一個的圈。比如我們很多青創合夥人手上都掌握著非常可觀的社群資源，開始時，這些社群中的大部分是以這種環狀形態出現的，每一個社群都是一個單獨存在的個體。

現在我們就需要用「六度分隔理論」的「網狀社交思維」來拆除它們之間的壁壘，讓資訊和資源相互流通，具體的做法就是把他們各自的優勢和需求重新配對，讓資源和資訊在需求的引導下突破圈層壁壘的隔斷，實現自由流通，並在流通中產生新的價值。

這就是應用六度分隔理論拆除圈層壁壘的三個步驟，這背後的邏輯就是應用六度分隔理論的網路社交理念把原本的圈層當作緯線，以他們各自的價值優勢和需求作為經線結成一張網，讓各個圈層內的資訊和資源沿著這張網在各圈層之間自由流通。這既保證了各個圈層的獨立性，又實現了圈層間資源和資訊的共用，並在共用當中不斷產生新的價值，這就是生態化社交。做到了這一點，你的人脈價值將會倍增。

在這之前，你只跟生態當中的某一個圈層的成員間保持著強連結，跟其他圈層的成員之間只是一種弱關係，弱關係其實是不能當作有效的人脈資源的，但是一旦建立了你的生態化社交，每一個生態內的個體都將共用豐富的資源和資訊，他們一旦因此獲益，跟你之間的關係就會變成強關係，他們就會由「僅僅認識」變成你的有效人脈。

03 把認識一個人變成得到一個世界

雖然圈層壁壘對人脈資源有很大的限制，而我所宣導的生態化社交天生就具有逆圈層化的特點，但是這並不等於我們要否認圈層存在的價值。恰恰相反，不僅不能否認，而且要重視它的價值。我所說的生態化社交並不是要否認人脈圈子的價值，而是要用另外一種思維為它賦能，讓它在一個更多元化、更加開放的平臺上發揮更大的價值。這個重新賦能的切入點就是它們之間的壁壘，這也是生態化社交會給人一種反圈層感的原因，但是我相信看完這一節內容後，你就不會有這樣的感覺了。

我們先來說一下接下來將要為你解決的問題：「我的人脈圈同質化很嚴重，我認識的都是同一類人，但自己又沒時間和精力去結識圈子外面的朋友，這個局該怎麼破解？」這種表述問題的方式看起來有些抽象，不如我先來講一個故事，然後再分享破局的方法。

我之前認識一個創業者叫博遠，他有很強的技術能力，能夠獨立開發產品，也在創業早期拿到了一筆天使投資。他最大的困擾就是找不到合適的合夥人來組建團隊，他自己的人脈都是技術圈的人，他本人又不善交際，想找到與他能力和性格互補、價值觀一致又擅長市場營運的合夥人，完全不知道從何下手。

他在聽我講生態化社交的時候，就覺得「萌姐說的簡直是太對了」，他覺得自己就是個非常典型的圈層壁壘受害者，所以在課後他就迫不及待地找到我，當然，他可不僅僅是來表達一下自己的心情的，在表達完心情之後，「順便」說了一下自己目前的困境。

「萌姐，我覺得您在課上說的都很有道理。如果我能像您說的那樣，手上有這麼多不同類型的資源就好了，我就可以用您教的方法去打通圈層壁壘了。然而我的處境就是您說的很尷尬的那種，我所認識的人全部都是做技術的，但我根本就不需要技術支援呀。我自己就是技術出身，而且不誇張地說，我的技術比他們絕大多數人都要強，我需要的是懂營運的高手，但是我連一個懂營運的人都不認識。您說像我這種情況，該怎麼辦呢？反正讓我從現在開始慢慢結識一些懂營運的朋友是來不及了，而且我對那些獵頭介紹來的人也不是特別放心。您知道，像我這樣的創業者，試錯成本是非常高的。我實在不敢把這也許只有一次的機會，壓在陌生人介紹的人身上。」

這是一個非常棘手的問題，人脈累積原本就是一個比較漫長的過程。現在他的問題有兩個難點：

1. 需要結識多個懂營運的人，才可能有選擇的空間。
2. 他的時間有限，一個一個地去結識顯然不太可能。

那麼，這麼棘手的問題到底能不能解決呢？結果遠遠超出了他的預期，不僅找到了合適的合作夥伴，還在這個過程中認識了不少做營運的朋友。雖然在後來的創業道路上，他依然主要負責技術方面的事情，但是透過跟這幫新朋友的接觸，他已經不是之前那個對營運一竅不通的小白了。

怎麼做到的呢？按照我解決問題的邏輯，聽完博遠的講述後，我並沒有直接告訴他該怎麼做，而是先問了幾個問題。我問他：「在這之前做過哪些努力？」他說透過網路搜尋到了幾個營運方面的大咖，但只是簡單聊了幾句就沒有下文了。然後又找獵頭公司推薦了幾位，也沒有找到合適的人選。

我又問他：「真的把身邊所有的資源都考慮過了嗎？真的確定找不到可以幫忙的人嗎？」他說是的，他自己不是一個很懂交際的人，平時所有的時間和精力全都用來鑽研技術了，所以除了做技術的人，他幾乎沒有別的朋友。

我們先來分析一下為什麼博遠之前的努力沒有得到想要的效果。這裡我需要重申我的觀點：**並不是所有能被你找到的人都能稱為人脈資源，真正有效的人脈必須是建立在對對方人格深入瞭解和對對方價值的客觀認識基礎之上所形成的關係**，只有同時滿足這兩個條件，他們之間才能建立真正意義上的合作。現在就用這個標準來對照他之前的努力，作為旁觀者的你應該也很容易就發現他得不到預期效果的原因所在。

在社交網路如此發達的時代，只要你有心，想找到一、兩個大咖真的是再簡單不過的事情了。但是，在這種貿然找上門的情況下建立合作的可能性真的是太低了，尤其是對只知道鑽研技術，不注重個人品牌經營的博遠來說就更難了，因為對方對你幾乎一無所知，更別提信任了。那麼，獵頭公司推薦的人呢，也沒有合作的可能嗎？

客觀地說，透過可信的獵頭公司推薦，然後建立合作還是比較可靠的事情。不然獵頭公司也就沒有存在的價值了，但是在這種情況下建立的多是雇傭關係，想要找個可靠的合夥人，尤其是公司處在剛起步的階段，透過獵頭公司實現目標的可能性也比較小。

為什麼？獵頭公司能幫你瞭解這個人過往的工作成績，卻不負責幫你瞭解這個人的人品和「三觀」。如果是雇傭關係，那就比較好辦，對公司來說，公司是能夠承受這個試錯成本的；對應聘方來說，有一家公司為雇傭方的人品背書，應聘方也是完全能夠接受的，而博遠的這種情況就不具備這樣的條件，既沒有一個成熟的公司為博遠的人品背書，博遠又沒辦法承受這種試錯帶來的後果，談不攏是再自然不過的事情了。

但是博遠對第二個問題的回答，卻真實地暴露了自己不善交際的狀況，不僅不善交際，還不能充分應用手上的資源。我跟他說，我剛好認識一些做營運的人，而且這當中還有不少高手，更重要的是，我還可以為這些朋友的人品背書。但是我並沒有把這些朋友一個個地介紹給博遠認識，一是因為這樣對博遠來說時間成本太高了；二是因為這些被介紹給博遠的朋友自己也會有一種被人家挑選的感覺，這不符合我維護社交關係的基本原則。

我的方法是，讓博遠準備了一節講給營運人員聽的技術課程，然後把一個營運社群的負責人介紹給博遠，博遠就在這個社群裡對營運精英們講技術課程，後來還安排了幾次線下的聚會。在交往中，各自的水準和人品逐漸就看清了，看似跟結果沒有多大關係，但是一切都在悄然發生著變化，等博遠跟其中一個朋友提出合作意向時，雙方一拍即合，似有相見恨晚的感覺。

透過博遠的故事，我希望你至少能明白兩點：

1. 任何問題的解決都是一套組合拳，單靠一種方法是很難澈底解決問題的

你應該要有一種組合思維，本書所分享的所有技巧，你都應該放在自己的知識區裡，遇到問題時，把它們組合在一起使用，這樣解決你所遇到的新問題就會容易得多。比如我在解決這個問題時，這裡面既有價值錨點的定位，又有利他思維的運用，然後再是我接下來將要分享給你的這個方法。

2. 快速建立生態思維的法則——裂變法則

裂變法則就是指透過一個人，高效結交一群人。這是對圈層另一種形式的運用，對於人脈資源多元化的人，應該用六度分隔理論的「網狀思維」打破圈層壁壘，打造自己的生態化社交形態。而對於像博遠這樣人脈資源單一的人，方法就是透過裂變法則，應用圈子本身所具有的資訊、資源高度集中的特點，**把認識一個人裂變成認識一群人，在與別人建立互惠互利關係中，共同打造生態化社交平臺**，而要做到這一點，就一定要學會充分應用你的社交資源。

其中有幾種資源是不可忽略的，請一定記住：你的家庭資源、同學資源、後天培訓和學習過程中所累積的資源。這些資源，都能帶給你意想不到的驚喜，希望你在遇到這類問題的時候，千萬不要再犯博遠這樣的錯誤。

04 永遠不要想著跟所有人交朋友

我在講述生態化社交的時候說過，只有多元化的社交思維才能打造多元化的人脈資源，而要做到這一點，就要盡自己所能結交能跟自己形成互補的朋友。但是，接下來看過他們的復盤和分享之後，我覺得有些問題必須拿出來說一說，然後再給出一個更詳細的原則。

以前總是有個問題想不明白，明明自己身邊有那麼多朋友，可是到需要幫忙的時候卻沒有能幫得上我的人。一開始我覺得可能是我們之間的關係不夠好，他們可能不太願意幫我。直到聽萌姐分享了生態化社交概念後，我才豁然開朗。問題並不在別人那裡，並不是別人不肯幫忙，而是我們都是一樣的人，在他們能幫忙的地方，有可能我比他們做得還要好，而那些我需要幫忙的地方，他們跟我一樣也是小白。根本就不是他們不肯幫忙，而是我的人脈資源太單一了。

所以，當聽萌姐講到生態化社交的時候，我簡直如醍醐灌頂。萌姐還說，一定要結交跟自己不同的朋友，所以我就開始利用下班時間，有意識地結交來自不同領域的朋友。採用萌姐教給我的幾種方法，透過這段時間的努力，我的世界發生了很大的變化，多了很多其他領域的朋友，不只是人脈變得更加多樣化了，瞭解的資訊也比過去豐富了不少，眼界也變得更加開闊了，這些都是收穫。

接下來，我再來說說自己感覺不足的地方吧。目前感覺做得不夠的就是，我的格局和修養還不夠高，對於有些人和事確實做不到真正地認同，當然也沒辦法讓他們對我有好感。接下來，我一定會再接再厲，進一步提升自己的格局和修養，讓我的世界裡沒有不能結交的朋友！

類似這樣的分享，真的不少。聽他們談到自己的不足和要進步的決心時，我心裡其實是恐慌的。我為他們已經取得的成績感到欣慰，但是我真的擔心他們接下來會拚盡全力來實現「讓我的世界裡沒有不能結交的朋友」這樣的夢想，因為這是一個既不可能做到，也完全沒有必要去做的事情。就像那句話說的，「你不是貨幣，沒辦法讓所有人都喜歡你，就算你是貨幣，也還有視金錢如糞土的人」。

另外，我們做任何事情一定要講究成本，有些成本太高的事情，就算是有做成的可能也沒有去做的必要。就像我們在行銷上經常提到的「流量成本」，一種行銷形式獲取流量的成本一旦超過某個標準，必然就會被拋棄。

關於社交的投資思維，我會在本書後面專門用一個完整的章節來講述，現在我要告訴你的是，**想把所有人都變成自己的朋友這種想法是非常可怕的，既不現實也沒必要**。一旦有這樣的想法，想要在這方面拚盡全力的話，結果肯定是得不償失。

所以，必須明確一點：**生態化社交主張你跟不同於自己的人交朋友，但並不是要你跟所有人交朋友**，想要跟所有人交朋友的想法很可笑，這種念頭必須馬上打消。

為什麼我在前面極力主張你跟不同於自己的人交朋友，現在卻又說不能有跟所有人交朋友的想法呢？我們先來明確一下你要與之交朋友的這個「不同於自己的人」到底應該是什麼樣的人。

他們可以是與你不同職業、不同背景、不同性格、不同目標、不同思維方式的人，在這些方面你們都可以存在不同，也正是因為這個不同，你才能豐富自己的人脈資源。但是這些不同必須是建立在一個相同的基礎之上的，這個基礎就是相同的價值觀，這是你們能夠成為彼此有效人脈的基本條件。如果你們之間沒有這個基礎，那麼不僅不會成為彼此有效的人脈資源，還很有可能會成為彼此社交的障礙。

就像我經常說的一句話，作為剛剛走入社會的新人，雖然我們看起來彷彿一無所有，但是我們有積極向上的價值觀，透過這種價值觀，我們可以把很多跟我們「不同」的人聚集在一起，而我這裡所說的「價值觀」是指你對是非對錯的認知。比如，我們青創大會中的青創合夥人來自全國各地的各個行業，為什麼這些看起來不盡相同的人能夠走到一起，成為青創合夥人？一個很重要的原因就是他們都是我的學員，都在下班加油站共同學習打卡，養成了好習慣。僅僅是早起打卡這一項，每天就會有幾十萬人在共同堅持，可以想像，這些來自全國各地每天堅持養成好習慣的人，雖然相互之間都有很大的不同，但他們彼此可以形成互補。

他們能不能成為對方的有效人脈呢？當然可以。因為他們是每天一起早起打卡的奮鬥者，在這一點上，他們都是一樣的。但是，我知道你所面對的人絕對不只是這些同在下班加油站學習的人，作為一個奮鬥者，怎麼判斷對方是不是擁有跟你一樣的價值觀呢？以下幾個標準供你參考：

1.凡事必稱公平的人

有一句話，聽著不知道讓多少人心酸：「別讓孩子輸在起跑線上。」這句話就是說給那些處於劣勢孩子的父母聽的，很多父母僅僅是為了讓孩子能跟別人站在同一起跑線上就已經耗盡了所有。這種現象的背後是什麼？是這個世界上從來就沒有絕對平等的現實，而只有認知到這一點，能夠坦然接受，並願意用行動提升自我的人，才有機會改變命運。但相對的，那些動不動就說這不公平、那不公平，凡事都要求在一個絕對公平的條件下才能開始奮鬥的做法，是心智不成熟的表現。這樣的人，就不要在他們身上浪費太多的時間和精力了，他不會是那個對的人。

2.為反對而反對的「槓精」

「槓精」這個詞雖然是二〇一八年的流行用語，但是槓精這種人其實一直都存在著。我們的生活中從不缺槓精的身影，他們是彆扭的矛盾體，好像對許多事物不贊成但也不反對，同時又好似既贊成一切又反對一切。他們的觀點永遠取決於對方的觀點，只要對方是贊成的，他們就會反對；而只要是對方反對的，他們就會贊成。他們時不時還能「妙語連珠」，就算是歪理也能被他們說得有模有樣，看起來好像是一些智商比較高的人。其實，他們不過是把那點小精明都用來凸顯自己的存在感了，好像在跟別人爭執的過程中，體現的就是全部的生命價值。

3. 苟且尚且不能，卻一心嚮往詩和遠方

「生活不只是眼前的苟且，還有詩和遠方。」這句話前陣子非常流行，尤其是在一些看似高舉「奮鬥」大旗的年輕人中，就有一些人扛上了這面大旗，在最該奮鬥的時候選擇了安逸。嘴裡念叨著這句流行語，用剛剛拿到手的那點薪水奔赴自己的詩和遠方。

其實，就這點有限的收入而論，應付眼前的苟且都稍顯不足，奔赴詩和遠方就顯得更加荒唐了。但是他們總能找到更加荒唐的辦法，要麼就是自以為新潮的窮遊，要麼就是找個人替他們負重前行。而這個能替他們負重前行的人，除了父母就不會再有其他人選了。如此荒唐的人怎麼能夠與奮鬥者站在一起呢？

4. 放大努力，卻從來不談結果

這類型的人不管是在微信的朋友圈裡，還是在聚會的交談中，出現頻率較高的詞永遠是「太忙了」、「最近事比較多」、「為了……花了不少時間精力」這類強調自己努力和付出的句子，然而卻很少聽到他們完成了什麼大事或者取得了什麼的成績。是不是頗有些不看重結果、只享受過程的超然之感？

其實不然，他們所不看重的結果恰恰是這個世界所看重的，也是他們安身立命的本事體現，但是當別人用結果來衡量他們價值的時候，他們就會搬出一套沒有功勞也有苦勞的價值邏輯。這種人一般有兩種，一種是沒有認清他賴以生存的基礎是什麼；

另一種是知道自己做不出別人想要的結果，不過是想用所謂的付出來掩蓋自己的無能。

不管是哪一種，都不是你應該與之為伍的人。

5. 自以為佛系的喪族

「佛系」和「喪族」也是前陣子比較流行的用詞，然而這兩個詞的意思卻不太一樣。真正的佛系講的是凡事盡心盡力，卻不過分執著於得失的灑脫和沉靜；而真的喪族，看似將世事看得透澈明白，其實不過是心態上的未老先衰。如果真的能遇到盡心盡力卻又不過分執著於得失成敗的灑脫之人，倒是應該好好珍惜，然而最遺憾的卻是遇上那些「自以為佛系」的喪族，這未老先衰的心態所帶來的消極和暮氣，我們最好能避而遠之。

05 守住界線感，關係恰到好處

對於人和人之間的界線感，你瞭解多少？你是一個很有界線感，能自覺地不侵犯別人的界線，同時也能巧妙地守住自己界線的人嗎？如果是，那真的要恭喜你，你肯定是一位情商高手，跟你相處一定是件非常愉快的事情。

或者是你聽說過界線感這件事，但是還不知道怎麼做才能恰到好處？這也不錯，雖然跟你在一起不一定能如沐春風，但是你應該不會做出什麼太超過的事情，守住友誼的小船還是能做到的。

你從來都沒聽說過界線感這回事？覺得這根本就沒什麼必要？那我真的會忍不住替你捏一把汗，只能說現在還留在你身邊的人，對他們好一點吧，這些年他們一定過得很不容易，你們的友誼也一定是堅不可摧的。但是對於那些中途離開你的朋友，千萬不要抱怨，他們真的是有苦衷的。現在請把你的答案和這三種情況對照一下。

那麼，到底什麼是界線感？界線感到底是做什麼用的？

比如年底了，在外奔波一年的你不遠千里回到爸媽身邊，本想著用本就不怎麼寬裕的時間好好陪陪父母，但卻一連幾天都被三姑六婆圍著詢問在外的種種細節：你在哪個公司上班？每個月薪水多少？年終獎金拿幾個月？在公司是不是主管？有沒有男朋友？怎麼沒有帶回來……總之，只有你想不到的，沒有他們問不到的。那些特別私人的話題不想聊？那不行，這是來自長輩的關懷，你不僅要愉快地一一回覆，還要表示感謝，不然在親戚眼裡就是你不懂事。

此刻，你的內心有什麼感受呢？

不過有一點我們必須得承認，這些給你帶來困擾的人並不是有意讓你不開心的。你要是對此有異議的話，他們多半會告訴你：「我們不就是關心你嗎？要是其他人我們才懶得理他。」「不是因為我們是最好的朋友，我才這樣嗎？要是陌生人，他跟誰當朋友我才不會在意。」「我一直把你當作最好的朋友，你竟然覺得這件事沒有必要讓我知道？你把我當朋友了嗎？」沒錯，他們多半是因為關心你、在意你才會這樣對你，之所以讓你這麼不舒服，這都是因為你們的交往中缺少界線感。

我有個學員叫嘉琪，負責營運一個文學類的公眾號，也是一個以古典文學為主題的微信群群主，群組裡都是一些年齡相當、有著共同愛好的小姐妹。對於嘉琪來說，這個微信群絕對不只是興趣愛好群這麼簡單，群裡一些關於文學的討論，隨時都能碰撞出好的選題，而且姐妹們在討論的過程中時不時蹦出一些金句，也讓嘉琪的文章增色不少，嘉琪一直以自己能夠擁有這麼優質的姐妹智囊團而自豪，這是他能輕鬆做好公眾號的一大法寶。

有一天嘉琪心血來潮，就想以《紅樓夢》中的人物來稱呼群裡的學員。沒想到線上的學員們對這個提議回應得非常積極，十二釵的角色很快就都被認領了。大家對自己的新暱稱都很新奇，發言也都比平時積極了很多。但是讓嘉琪沒有想到的是，十二釵的暱稱被認領之後，有些原本很活躍的群員開始潛水了，再後來竟然不聲不響地退群了，嘉琪想再把他們拉進來，卻發現自己的訊息已經被對方拒收了。後來，原本一百多人的群，竟然只剩下了十二釵；再後來，這些認領了十二釵的學員好像也明白了什麼，也都選擇了退群。嘉琪怎麼也想不到，僅僅是因為一個十二釵的暱稱就毀了自己的智囊團，當嘉琪把這件事情講給我聽的時候，我只對他說了一句話：「都是界線惹的禍。」

沒錯，嘉琪的故事跟年底回家的例子一樣，都是界線感惹的禍。不過，如果你夠細心的話，應該會發現嘉琪的故事跟年底回家的例子其實是不一樣的。在年底回家這件事情裡，因為親戚沒有界線感的意識，容易犯兩個錯誤，一方面因為不懂得什麼是界線，就很容易把自己的熱情和關心演變成一種侵犯，卻還傻傻地搞不清楚狀況，追問到底做錯了什麼，不明白明明只是關心而已，為什麼會遭受這樣的待遇；另一方面是因為不知道什麼是界線感，就更守不住自己的界線了。

當對方以愛和友誼之名一步步侵犯你的生活和隱私的時候，你要麼爆炸，要麼忍受一段時間再爆炸，最後還可能會留下一個不知好歹的名聲，這都是因為缺失界線感所造成的。反觀嘉琪的故事，卻是因為憑空多了一個界線才會引發後面的不良後果。

為什麼？之前大家都在同一個群裡，大家的地位都是一樣的，不過是有些人活躍，有些人比較安靜，僅此而已，所有人的關係遠近感覺都是一樣的，群是大家的群，所有人都是群友。但是有了十二釵的暱稱之後，這感覺就變得不一樣了，獲得十二釵暱稱的群友跟其他群友之間無形之中就有了一條分界線，從此以後他們就不再是自己人了。那些沒有獲得十二釵暱稱的群友就成了一群多餘的人；無論事實如何，他們心裡都是這麼認為的。有了這樣的想法之後，誰還願意在別人的地盤上多說話呢？這就是他們先潛水、後退群，最後刪除好友的真正原因。嘉琪用一個十二釵的暱稱畫出了一條界線，界線內是自己人，界線外的就是外人。都已經被劃分為外人了，那還不安靜地走開嗎？

因此，要想打造生態化社交，豐富自己的人脈資源，結交更多不同的朋友，就得拿捏好彼此相處的分寸。毫無疑問，把握好分寸真的是個技術活，最關鍵的就是彼此之間的界線感。**只有將界線感掌握得宜，你在跟人相處時才能做到恰到好處，而只有恰到好處地相處，才稱得上是高情商的體現**。其他不管是缺失界線感造成的侵犯還是因為界線突兀而造成的人為隔離，都只能說明你的情商修練得還不夠。

那麼，如何把握好界線感呢？

1. 由己推人，設置禁區

把握好界線感的第一步就是要設置界線。怎麼設置界線？在交往的過程當中，根據對方的喜好設置一個禁區，對於禁區內的話題能避開就避開，但這得是交往一段時間後的事，因為只有瞭解對方，才能知道對方的喜好。那對於剛認識的朋友怎麼辦？那就先從我們自身出發，由己推人。

雖然不瞭解別人，但總該知道自己有哪些地方是不喜歡被人介入的，不妨把自己的禁區找出來，由己推人，先假設這也是別人的禁區。這樣做是有一定的道理可言的，因為人有些東西是共通的，特別是在交往時的感覺上。但是一定要明白，你所設置的這個禁區是由己推人「推」出來的，這只是個開始，你需要在相處的過程中根據自己的觀察隨時修正。

2. 及時提醒，把自己的不快明確說出來

相處不是一個人的事情，需要處理的是雙邊甚至多邊的關係。只有每一個參與的人都具有界線感，關係才能恰到好處。所以，除了由己推人預設對方的禁區之外，還

得學會面對沒有界線感的隊友對你的冒犯。

當對方越界令你感到不快的時候，一定要及時做出反應，明確地告訴對方，這樣做讓你感覺很不舒服。需要注意的是，態度要盡量和緩，語言也要盡量委婉，但是要傳遞的訊息一定要明確，而且你的提醒最好能劃分等級，要分清一時疏忽和缺乏界線感的區別。

如果對方只是一時疏忽，他很快就會反應過來，並會主動向你表示歉意，這時候你需要大度一些。但是如果對方對你的反應完全搞不清楚狀況，你就得明確表達自己的不快了。不要不好意思說出口，因為你的提醒就像是電路的保險系統，必要時，保險絲的熔斷是為了保護整個系統不受損失。

3. 如非必要，絕不結盟

結盟是一件好事，能夠保證你跟結盟者之間建立一種明顯有別於他人的強連結，但是同時也在告訴聯盟之外的那些人「你不是自己人」，就像故事裡的嘉琪一樣，等於是在這些人之間人為地畫出一條界限。所以，除非那些天然存在的聯盟，比如在某個群裡你跟某某是公司同事，或者你跟某某有著線下合作，所以不得不結盟。

綜上所述，把關係處理得恰到好處的關鍵就是把握好界線感。無論是在認識大咖拓展人脈圈時，還是在與親戚朋友相處時，把握好界線感都會讓關係更融洽，讓彼此的感情變得更進一步。

第五章

如何有效平衡解決社交和精進

01 我為什麼不主張「硬撐」

二〇一八年年底參加活動的時候，我無意間聽到身邊人在討論一個「八卦」。這個「八卦」當然不是家長裡短或者花邊新聞的那種，那種八卦我是從來都不關心的。我稍微「偷聽」了一下，他們說的事情大概是「某個花了一千五百萬元跟巴菲特共進午餐的人，後來虧了將近八十億元」，後來我在網路上搜尋了一下，這個「八卦」還真的不是空穴來風。

對於這件事情本身我並沒有什麼興趣，我所關心的是另一個問題——「巴菲特的飯局」，你覺得花一千五百萬元跟巴菲特吃一頓飯很貴嗎？那還不是最貴的。巴菲特的午餐到底拍賣了多少錢？跟他共進午餐的人後來都怎麼樣了？這些我都不關心。我關心的是正在奮鬥路上砥礪前行的你，願意為你的「貴人」支付多大的成本？

對，就是「成本」這個詞，是我接下來要重點論述的話題。

作為奮鬥者，我們的資源有限，時間、精力、財力等幾乎所有資源都非常稀缺，我們必須精打細算地發揮好自己每一份資源的最大價值，才能在奮鬥路上走得更遠，所以我們要有一個清晰的「成本」意識，這才是我們透過巴菲特的午餐需要思考且真正重要的問題——你願意為你的「貴人」支付多大的成本？

你是不是從來都沒有考慮過這個問題？似乎所有講情商和人脈的書籍或課程都沒有問過這樣的問題。是的，人們確實不太喜歡提到這個問題，也很少有人能夠意識到這個問題，但這卻是一個特別重要的問題。因為不管有沒有人跟你提到或者你是不是能夠意識到，這個問題都會一直存在。

說一個大家應該都很熟悉的螢幕人物，前幾年紅得一塌糊塗的電視劇《歡樂頌》大家一定不陌生，裡面有一個人物叫樊勝美。說起來，樊勝美並不是一個特別出色的人物，論混職場的年頭也算得上是資深人士了，卻還只是個普通的HR。他的工作能力和智商絕對是沒有問題的，在工作上也算是盡職盡責，然而也只是盡職盡責而已，這就是他身上最大的問題。

為什麼這麼說？所謂時間在哪裡，成就就在哪裡。他的時間在哪裡呢？在參加各種高級宴會上。很顯然這種高級宴會活動在他當時的收入來看對他是不太適合的，但他似乎看不到這些。他寧可讓自己的生活過得吃緊一些，寧可跟兩個剛畢業的小女孩擠在一起住，寧可從自己的生活費裡東省西省，也要存錢買高檔衣服和精品包，他這麼做的主要原因就是「再窮也要站到富人堆裡」。

在他看來，那些高級聚會上到處都是人脈和機會，只要遇上了貴人，自己的工作甚至整個人生都會有翻天覆地的變化。為了達到這個目標，樊勝美拚盡全力，義無反顧地把金錢和時間都搭了進去。如果讓他來回答上面這個問題的話，他的答案應該就是「不計成本」。

毫不誇張地說，這是很多人的狀態，而我的觀點恰恰相反。關於這件事，我的觀點是：**在結交人脈上，成本意識是必不可少的，而這個成本包括你的時間、精力、財務以及機會等。不僅要意識到這是一種成本支出，還得為自己的支出畫一條紅線。**

這個紅線不在於絕對數值是多少，而在於你手中掌握多少可用的資源。就拿巴菲特的午餐為例，不管是一千萬還是一千五百萬，在我們看來，都算是天文數字了，但如果你瞭解過參加者的身價之後，就會知道一千五百萬對他們來說只是九牛一毛。然而對一個職場新人來說，不要說一千五百萬，就連一萬五千元都會是不小的壓力，所以說，絕對數值根本不是衡量成本的關鍵標準。那麼，這個標準是什麼呢？

1. 你掌握的可應用資源是否能支援你達成目標。
2. 估算你的投入和產出比，這個部分的支出會不會影響到你在其他層面的執行。
3. 這是最重要的，如果你已經開始思考前面兩個問題了，那就意味著你已經到了該馬上停止的時候。

說到第三點，我要特別強調，**當我們已經被迫要討論社交成本時，我們其實更應該關注你所確定的那個對象和你用來跟他建立聯繫的方式，這其中至少有一個是有問題的。**如果兩個都沒有問題，你找的是對的人，你用的是合理的方式，你的成本支出是不會高到讓你咬牙硬撐到底的。

我從不提倡靠硬撐自己來結交人脈，能讓你以這種方式來結交的人，也不會是你的貴人。所以，當你發現自己在硬撐時，你就應該換一種方式，或者換一個對象，要讓你在心中形成一個成本概念，也是為了讓你更加清楚地認識到這一點。

然而，「硬撐」這個詞有很大魔力，很多人就算意識到自己在硬撐，也不一定能夠停下來。如果不能及時停下來，這些已經投入的成本就沒有任何意義，這肯定是不行的，這種沒有「變現」可能的理念肯定不是你想要的。

下文將會論述我們不能及時停止的幾個原因，只有明白這其中的緣由，你才能找到發力的方向。

糾結於沉沒成本，不願讓之前的努力白費

當我們意識到自己是在硬撐的時候，其實資源就已經被消耗得差不多了，也就是說你的成本已經付出了。如果你在這時候放棄，你就得承受自己的付出付諸東流而帶來的心理落差，對我們來說，這絕對是一種考驗。

還有一種不必馬上就面對這種落差的選擇，那就是硬碰硬。硬碰硬雖然極有可能耗盡你的資源，讓你一無所得，但它能讓你感覺到希望，至少不用馬上去面對令人難受的局面。怎麼辦呢？我們可以借用一下經濟學上的「沉沒成本」。

什麼是沉沒成本？沉沒成本是指以往發生過，但與當前決策無關的費用。當你決

定不再硬碰硬的時候，就得用沉沒成本的眼光來打量你之前的付出，要知道這些付出只是造成你死撐的原因，與你當下的決策無關，你所要考慮的是接下來你還會付出什麼以及會面臨什麼。那些已經付出的資源，這時候就不要去考慮了，因為它們已經是沉沒成本了。理解什麼是沉沒成本之後，淡然地看待之前的付出就會容易得多。

思維慣性，寧可一條道走到黑也不願從頭再來

小米創辦人雷軍曾說：「不要用戰術上的勤奮，掩蓋戰略上的懶惰。」繼續耗下去雖然看起來更苦、更累，但是心智成本卻是最低的，只需要按照原本的計畫繼續走下去就可以，這就是我們常說的一條道走到黑[7]。

因為這條路你已經駕輕就熟，走下去很簡單，但是反過來說，這個既定計畫一但終止就需要重新來過，你還需要再來一次「從0到1」。眾所周知，不管是哪個領域

7　一條道走到黑：中國俗語，形容為了達目的而義無反顧，不計後果，堅持到底。

的「從0到1」都是非常耗費心力的事，所以要想及時終止這種咬牙硬撐的狀態，你得告誡自己：不能用戰術上的勤奮，來掩蓋戰略上的懶惰。

跟丟了目標，早已經忘記了初心

對於這件事，文藝的說法是「不忘初心，方得始終」，而專業的說法是「鎖定目標」。很多心知肚明卻偏要咬牙硬撐的人，就是因為已經忘了「初心」或者已經跟丟了目標，這個時候，能不能達到最初的目標對他來說已經不重要了，對他來說最重要的事情就是不惜一切代價證明自己能行，他已經忘了自己原本想要的是什麼了。

在付出的過程中，目標已經被替換而他卻渾然不覺，自以為是在堅持不懈，其實早已跑偏。怎麼辦？辦法是冷靜下來想想自己最初的目標，鎖定目標，永保初心，別讓情緒在不知不覺中把自己的目標調包了。

只有懂得用成本思維來看待社交人脈的人，才算得上是高情商者。當我們在結交

「貴人」的時候，對該投入的成本一定不要吝嗇，但是當自己資源即將耗盡時，也不能死命活命地硬撐。要停止這樣的狀態，就要做到理解沉沒成本，只考慮之後要付出的和可能得到的，忘記之前已經付出的成本；千萬不要用戰術上的勤奮掩蓋戰略上的懶惰，要有從頭再來的勇氣；鎖定目標，並時時回顧，謹防初心被替換。只有這樣，我們才能及時停損，守住所剩資源，以便另尋機會結交「貴人」，拓展人脈圈。

02 避免生活被社交拖垮的演算法

如果讓你對我們當下的生活做一個歸納的話，你會怎麼表述？網路時代？大數據時代？智能化時代？或者是其他類似的答案？我相信，你可以給出很多不同種的答案，而且都很有道理。不過我有一個答案，只要是以這個時代為主題的問題，都可以用這個答案來總結，這個答案就是「演算法時代」，你可以用你的答案來印證一下。

為什麼說現在是演算法時代？我們經常掛在嘴邊的大數據以及已經進入我們生活的人工智慧、雲端計算都離不開演算法。有人說，5G時代是一個物聯網時代，打開網頁的時候你會發現，在那些自己跳出來的新聞資訊中，你喜歡的內容越來越多；當你準備在網路上買點東西的時候，你會感覺到這個平臺越來越懂你了。

我們必須知道，這一切的背後其實都是演算法的功勞，不過這還不是演算法時代的全部含義，我之所以把當下叫作演算法時代，那是因為演算法對我們的影響已經遠不止這些了。現在的演算法不只是數學公式和電腦代碼了，更代表著一種解決問題的基本方法和原則。美國著名管理諮詢機構富蘭克林柯維執行副總裁、首席人力資源官陶德．戴維斯在他的《人生算法》（*Get Better*）中說，人生演算法就是你面對世界時不斷重複、提高目標達成機率的基本方法。

莉莉絲遊戲創辦人、CEO王信文認為，好的管理者在解決問題的時候應該「只給演算法，不給答案」，但是相對於「只給演算法，不給答案」，我更偏向於既給演算法又給答案的做法。我所提的每一個概念和法則——我們這裡說的演算法——都是針對某個實際問題的，它既是演算法，同時又是解決這個問題的答案。

我們這次要解決的問題就是，如何替自己的社交系統裝上保險，以免超出負荷運轉，造成成本過高。很明顯，這也是一個跟社交成本有關的問題。上一節解決的是針對個體的成本問題，現在要解決的是如何避免你的整個社交系統成本過高的問題。

什麼是社交系統成本過高？比如你一天到晚都陷在各種應酬中無法脫身，每天都有應不完的酬、吃不完的飯。假如公司要求加個班，你第一時間想到的不是向自己的家人說明，而是先跟朋友們道歉。比如你終於買了一本心心念念了很久的書，但是很長一段時間過去了，你卻沒時間拿出來翻一翻。

你經常會發現有些對你來說非常重要的人，你卻總是忘記跟他們保持聯繫，等你打算維護這段關係的時候，對方已經澈底把你忘光了；你想認真學某項技能很久了，但是每個月的應酬就用掉了大部分可支配收入，總是存不了錢報名課程。

如果你經常遇到這類的情況，說明你的整個社交成本已經超支了，以致對你的生活、技能的提升等都造成了嚴重的影響。你已經到了需要馬上降低社交成本以確保你的工作和生活不被拖垮的時候了。你需要為你的社交瘦身，這件事說來也不是太難，比如透過各種方式斷捨離、減少社交，只要你想，方法總是有的。

方法不是這件事最難的地方，最難的是不好把握尺度。既要讓社交成本保持在紅線以內，又要讓自己的社交系統接近甚至剛好滿負荷運轉，畢竟人脈資源的作用不容忽視。那要怎麼把握這個尺度呢？為社交瘦身要瘦到什麼程度才好呢？肯定不是越瘦越好。這個問題就需要用一個演算法來解決，這個演算法就是「鄧巴數」，或者叫作一五〇定律。

鄧巴數是二十世紀九〇年代由人類學家、牛津大學教授羅賓．鄧巴所提出，表示的是人的智力所能維持的社交網路（人際關係）上限。人類的智力水準允許我們擁有穩定的社交網路人數上限是一百四十八，約等於一百五十人，所以也有人把這叫作一五〇法則。鄧巴教授認為，人的大腦新皮質大小有限，所提供的認知能力只能讓我們維持一百五十人的穩定社交網路，超出這個規模，就超出了我們的認知極限，我們的工作和生活都將會受到極大的影響。

看到這個數字你會有什麼想法？是不是有一種想要馬上翻看自己的通訊錄、微信或是其他社群、社交軟體的衝動？沒錯，很多人都有這樣的衝動，然後滿心驚恐，進而又心生疑竇。為什麼？因為不管是通訊錄、微信還是社群的連絡人列表，何止一百五十人呀！以微信為例，連絡人列表裡有三、五百人的人不在少數。這樣一對照，瞬間感覺自己超標過頭了，但是這種情緒很快會成為懷疑：這個鄧巴數真的可靠嗎？當得知鄧巴數是在二十世紀九〇年代提出的時候，這種懷疑就變得更加理直氣壯了。

不少人覺得，不是自己超標嚴重，而是鄧巴數過時了，因為二十世紀九〇年代還沒有發達的社交網路，人與人之間的聯繫方式還沒有這麼便捷。他們還有一種很直觀的依據就是，雖然相較鄧巴數，自己的社交規模嚴重超標，但是自己的生活卻沒有被拖垮。那麼真相到底是什麼呢？其實是對鄧巴數產生了誤解，我們應該要這樣理解鄧巴數所說的這一百五十人：

1.分清內圈和外圈

要弄清楚鄧巴數的本質，首先要分清什麼是內圈、什麼是外圈。內圈指的就是與你有實際、線下互動，聯繫更加緊密的圈子，是有一定私密性質的社交圈，而外圈則更像是微信裡的朋友圈。微信朋友圈裡的朋友含金量往往很低，那些留在連絡人列表裡不知道是在哪個聚會場合上加的按讚之交，是不能算在你的社交規模之內的，鄧巴數的一百五十人之內並不包含他們。

2.內圈的本質——「梳毛」

鄧巴教授是透過《梳毛、八卦及語言的進化》（*Grooming, Gossip, and the Evolution*

of Language）[8]這本書提出鄧巴數的。這本書的書名隱藏著鄧巴數的另外一個關鍵資訊——「梳毛」。梳毛是一個比喻，用猴群比作人類社會，作者說猴子之間建立親密關係的方式是梳毛，梳毛既是一種情感上的交流也是相互建立信任感的方式，用在我們的社交上，我的理解是「陪伴」。陪伴是你區別內圈和外圈的標誌，只有那些你用心陪伴的人，才有資格在你的鄧巴數當中占有一席之地。

3. 數字是固定的，個體是變動的

鄧巴數的這個一五〇是固定的，但是這裡面的個體卻是在不斷變動的。並不是所有曾經互相「梳毛」的人，都會永遠待在對方的鄧巴數內，會有不斷進來的新人把漸行漸遠的人替換掉，這話說起來有些殘酷，但這就是現實。那麼保持什麼樣的「梳毛」頻率才不會被替換掉呢？就是每年最少一次。

8 繁體中文版書名為《哈啦與抓虱的語言》，遠流出版。

瞭解鄧巴數的三個特點之後，你再看看自己的社交系統，還會覺得一五〇這個數字太少了嗎？顯然是不會。經過一番篩選之後，有些人就會發現自己不光是沒超標，反而是嚴重不達標。那就不得不說，這類型的人的社交系統空置率太高了，他們要做的不是斷捨離也不是社交瘦身，而是拓展更多的人脈。

當然，數量超過一百五十的人也不在少數，那就真的非「瘦身」不可了，不然過多的社交成本支出會讓你疲於應對，這樣的狀況必然是不能長久的。至於「瘦身」到什麼程度呢？就是接近鄧巴數所說的一百五十人，當然這只是個大概數字，具體的數字就用你的直觀感受來判斷，比如前面所舉的社交系統超負荷運行的幾個例子，那就是最直觀的體現。

03 怎麼在關鍵時刻找到對的人

歆然是一個有夢想的插畫師，個人品牌做得不錯，同時他還是大家公認的「快手」。當然我說的「快手」並不是那個短影音APP，而是說他的辦事效率是出了名的高。比如我們的青創合夥人在一起討論問題，碰撞出一個不錯的想法，可能實現這個想法的某一個部分需要專業人士的說明，這就到了考驗社交能力的時候了。

我發現，這種情況下十有八九是「快手」歆然最先解決了問題。當他都已經解決問題時，有不少人還在翻看自己的連絡列表呢，還有幾個正在聯繫當中。既然問題都已經解決了，他們也只好默默關掉手機螢幕或者跟對方說「非常感謝，問題已經解決了」之類的話。不過也有例外，有那麼一、兩次，眼看著大家都動起來了，他卻靜靜地看著別人忙碌，好像這件事跟自己一點關係也沒有似的。

這就是插畫師歆然被叫作「快手」的原因，要麼他不出手，一出手就一定是最先解決問題的。是不是有種很厲害的感覺？

提到歆然的故事，其實是為了陳述一個事實，以往人們都說競爭的本質是大魚吃小魚，但是現在是一個快魚吃慢魚的時代。很多事情，你能想到別人也能想到，拚的就是個速度。那要怎麼提升速度呢？讓更多人來幫你解決問題，肯定比你自己解決還要更快一點。但是找人幫忙也是要講究速度的，就像「快手」歆然每次都能搶得先機，他成功的機率自然就會比別人更高一些。

快是一種能力也是一種資本，速度和人脈資源一樣重要。這種快的能力，我把它稱為社交系統的快速啟動。這就像汽車一樣，啟動速度的快慢也是衡量性能的重要因素，熟悉汽車的人都知道零百加速就是時速從零加到一百公里，超跑的零百加速所需時間少於四秒，而普通汽車則需要十秒以上。

如果你的社交系統啟動速度不夠快，你就像是一輛普通汽車跟一輛超跑在比賽一樣，站在同一起跑線上，你跑贏的機率能有多大呢？能夠快速啟動社交系統也是一種高情商的體現，快是一種能力，這種能力是可以後天修練的。接下來我們就來看看「快手」歆然掌握的祕訣——人脈分層檔案。

如果你對人脈分層檔案不是很熟悉的話，也許對人脈分層法則不會太陌生。什麼是人脈分層法則？**人脈分層法則就是按照平時交往的親密度把人脈圈分成幾個圈層，這些圈層按照關係的疏密程度一層一層往外擴散，就像是一個同心圓，而這個人脈資源的主人就是這個同心圓的圓心。**比如，按照關係的疏密程度，最靠近圓心的那層是親友關係，這是天然存在的親密關係；再向外一層是能夠交心的摯友關係，這群人雖然平時聯絡不多，卻能夠有事直說、說完就辦。再向外的那層是需求合作關係，雖然彼此私人關係並不是那麼緊密，但是在工作和事業上多有交集，遇事能幫就盡力幫，而且彼此的人品也都信得過。最外面的那一層屬於熟人關係，於公於私都沒有多少交集，但是對於對方的人脈供求關係雙方都比較清楚，只要方法得當，也能獲得幫助。

這麼一說，是不是覺得人脈分層法則還是很實用的？很多銷售人員也都會用分層的方法來管理自己的客戶，其實跟人脈分層法則的原理是一樣的，然而這跟「快手」歆然版的「人脈分層檔案」還相距較遠。

我們這裡提到的人脈分層法不過是人脈分層檔案的一個基本邏輯，或者說只是其中的一個面向。歆然的人脈分層檔案比簡單的分層在精準程度上具有更大的優勢，因為它是一個由經線和緯線交織而成的網狀結構。這裡面的每個個體都有縱向和橫向兩個座標，應用橫向和縱向兩個元素來查找的話，結果就一定是一個點，這是非常精確的，比運用人脈分層法則把人脈簡單地分為幾個圈層，再在一個圈層中間尋找要簡單得多了。

歆然的「人脈分層檔案」是我的人脈分層法則的升級版，具體就是用人脈變現思維在按照親密度分層的單一分層法則上加上職業和領域的劃分標準，接著對橫向的分層再進行一次縱向切割，這樣你的查找範圍就縮小了許多。

這個縮小幅度取決於你職業劃分的精細程度，假設你的縱向劃分是媒體傳播，下分雜誌、自媒體、圖書出版等，在圖書出版下面又分成發行、印製、策劃、包裝等。只要你切割得足夠精細，做到點對點不是不可能。但我並不希望你一直劃分到點對點這麼精細，因為這是一個很煩瑣的工作，要是全部都劃分得這麼精確的話，那是在給自己找麻煩。即使你做到了，查找起來也不輕鬆，這無益於提高你的社交啟動速度，還會讓它變得更慢。

我的建議是，對於你熟悉或者經常用到的人脈資源，你可以劃分得精細一些，而對於那些不怎麼熟悉、不經常用到的，但是他們可能會作為你「兌付型產品」的，給你身邊的人帶來價值的人脈資源，你不妨劃分得寬泛一些。不過在這些你不太熟悉的領域裡，你可以設置一個「基站」，也就是這個領域裡的社交性人才，有些問題他不知道答案，但是他能告訴你誰最有可能知道答案。

這是對人脈分層進行縱向切割的方法和原則，只需要遵循簡單法則就好，畢竟這個方法的終極目標是提高你的社交啟動速度，在精準的前提下越簡化越好。這個人脈分層檔案實際呈現出來，應該是什麼樣子呢？

我們以微信為例，你先用備註與標籤功能對連絡人進行行業區分，然後在這個區域裡面按照關係的親密度進行排列，如果親密到可以無條件為你提供幫助的，你可以在備註的名稱前面加上字母A，然後以此類推。這樣，你在連絡人列表裡看到的不僅是能幫你解決問題的人，就連優先順序都排好了。在這樣的連絡人列表裡，你最先看到的是能直接開口尋求說明的，然後是需要簡單寒暄幾句的，再後面是需要用「我這裡有一個機會」代替「我需要向你尋求說明」的，就連基本措辭和需要的溝通方式都能夠一目了然。如果你也做到了這一點，還會覺得「快手」歆然很神奇嗎？

本節內容講的是提高社交啟動速度的人脈分層檔案法，它是在人脈分層法則按照關係親密度進行分層的基礎上再應用職業劃分進行縱向分隔，讓你在最短的時間內找到最合適的人來幫你。

需要注意的是，你劃分切割的幅度一定要根據不同行業和領域而區別對待，以免造成負擔。另外需要提醒你的是，人脈分層檔案的好用程度取決於你的熟悉程度，如果你只是將列表劃分卻不能做到心中有數，那它的優勢就得不到完整的發揮，畢竟大腦搜索比在列表裡查找要快得多。

04 讓「變現」永遠都是現在進行式

作為一個奮鬥者，濤子終於憑藉這些年在職場的累積啟動了自己的事業。公司剛剛成立，他就感受到創業型老闆的辛苦和焦慮，沒有了原本公司的平臺做靠山，很多人脈不得不重新維護。這樣一來，除了公司的日常工作，每天早出晚歸的拜訪就成了最緊要的事情，他覺得是時候幫自己買一輛車代步了，一來接送客戶方便，二來看起來也體面一些。

可是，所有經歷過創業的人都知道，這個階段的老闆過得比上班時要艱難多了，無奈之下只好從有限的資金裡擠出一部分，入手了一輛外觀還不錯的中檔二手車。他對價格非常滿意，據說車還是八、九成新，只跑了不到兩萬公里。然而，他很快就發現事情遠沒有想像的那樣順利，時不時的故障維修花錢不算，關鍵時刻「出槌」還會讓事情變得很尷尬，再加上二手車的售後服務非常麻煩，他沒那麼多時間和精力。

苦惱不已的濤子跟一個朋友抱怨這件事，這個朋友聽了之後，就問濤子買二手車的事情怎麼不提前說一聲。這話說得濤子一愣，問朋友為什麼，朋友說：「我表哥是做二手車生意的。有我在，你不一定能買到最便宜的，但我能保證你買了之後不會天天抱怨，即使遇到麻煩，我也能幫你解決。」濤子肯定是相信朋友的話的，可是聽了之後，濤子那種心裡煩悶的感覺就更嚴重了，但是又不好發作，只能悶悶地說：「你為什麼都沒有跟我說過呢？」朋友也是直脾氣：「拜託，那只是我表哥。你不問，我還要把家譜報一遍給你聽呀？」

故事講完了，問題就來了。在這個故事裡，你聽到了什麼？會不會覺得濤子這個朋友情商也挺低？濤子遇到了這種爛事，他這位朋友不好好安慰他也就算了，還說這種風涼話。會不會覺得濤子做事也挺衝動？買車之前怎麼不讓身邊的朋友幫忙問一問呢？萬一有能幫得上忙的呢？沒錯，你能想到這些，我都會為你按讚，但這依舊不是我跟你講這個故事的原因。

我再提一個問題，從成本的角度來看，你覺得開拓新人脈合適，還是充分應用現有人脈合適？我的答案是，應用現有人脈去開拓新人脈最合適。在陳述原因之前，我們先瞭解應用已有人脈去開拓新人脈的「六圈法則」。

所謂六圈法則，就是充分開發和應用你人脈資源中的每一個個體社交資源。我們每一個人的社交資源都分布在六個社交圈層當中，它們分別是家庭、同事、同學、愛好、平臺和職場，這些圈層當中所有社交資源的綜合就是我們全部的社交資源。瞭解六圈法則對我們來說有兩個特別重要的作用，首先，在瞭解六圈法則之後，當你再次打量自己的社交資源時，視角就能觸及所有可能存在人脈資源的地方，這樣事後就不會為「我怎麼就沒想到……」而懊悔不已。

還記得那個不懂營運的技術型創業者嗎？我在講裂變法則時提到過的博遠。如果博遠從一開始就知道六圈法則的概念，他可能一早就會意識到，我也是他人脈資源中的重要一環。其次，我們在瞭解六圈法則以後，當你在現有的人脈資源中沒能找到可以為你提供幫助的人時，你就會從他們的社交資源上尋找突破口，而不是自己去重新認識一些人。不得不說，這是一種更加高明的做法。為什麼？我再跟你說一個故事。

有一次在講完六圈法則之後，我讓大家分享一下身邊有沒有運用六圈法則的高手，然後我就聽到了這個故事，跟我說這個故事的是故事主人公的丈夫。他說妻子的情商特別高，拓展人脈的能力特別強，他們夫妻都是外地人，妻子是一間實木家具店的店長，而他是一個宅在家裡靠寫作為生的宅男。

這樣的夫妻按說在當地應該不會有什麼朋友，但是事實並不是這樣，他們在附近有很多朋友。有在家帶孩子的媽媽、有時尚新潮的舞蹈教練、有當地醫院的醫生、有律師，還有賦閒在家的叔叔阿姨。妻子在公司上班時，叔叔阿姨們會把自己做的美食帶到店裡給他吃，年輕的媽媽也會帶著寶寶去店裡找他聊天，更誇張的是，頭幾年這對夫妻準備買房的時候，一位阿姨竟然直接拎著十萬現金到店裡金援他們。

妻子一直是整片家具賣場的銷售冠軍，而他是怎麼做到的呢？他說，聽了課才知道，原來妻子這麼厲害，都是踐行六圈法則的結果，接著他又說了一件實際事例。

有一天他正在家裡寫東西，妻子讓他加一個人的微信，結果他還沒來得及加，對方就早他一步發來了好友申請。對方自報家門，說是一家經營母嬰用品公司的老闆，公司準備做一個公眾號，需要一些有知識含量的親子類文章，並說知道他之前寫過一些相關書籍，就想委託他負責公眾號文章的寫作。

整個過程順利得出奇，對方很快就給出了稿酬標準，比他預期的還要高。他說，一直到這個時候他整個人都是懵的。大致談妥後，對方才說自己是他的鄰居，剛剛買了某某品牌的家具，這一下他才明白到底是怎麼回事。可是事情還沒完，下午，他的一個平面設計師朋友傳來訊息：「哥，晚上請你們吃飯。今天嫂子推薦了一個客戶給我，想營運一個親子類的公眾號，讓我負責設計的工作，我們簽了一年的合約。」

沒錯，這一切都是從購買家具開始的。後來他妻子說，在給該客戶介紹家具的時候，順便問了一下送貨地址，他發現對方竟然是和自己住同社區的鄰居，這下他們就找到了共同話題，一起吐槽社區的物業，一起聊社區裡的人和事，然後又聊到了各自的家庭和職業，沒想到這一聊竟然大有乾坤。

得知這位鄰居經營了一家母嬰用品公司，並且計畫營運一個育兒公眾號，他就說自己的丈夫寫過這類文章，還出版過相關書籍。對方一聽，眼神當時就亮了：「我們既然聊得這麼來，又是鄰居，何不讓你丈夫來寫我們的公眾號文章呢？」當聊到身邊的朋友時，客戶又說：「那太好了，乾脆讓你丈夫的朋友來做設計吧，他們那麼熟，溝通起來也方便……」

故事講到這裡，我稍微打斷了一下，問：「故事到這裡是不是還沒有結束呢？」

然後他說：「是的，我們現在是關係很不錯的鄰居。他們家是獨立別墅，夏天的晚上，我們經常在他們的小花園裡烤肉……」

我完全可以想像得到，接下來他們之間還會有更多合作。這位做銷售的妻子向我們完美地展示了六圈法則超強的「變現」能力，雖然他在運用的時候並沒有意識到這就是六圈法則。

相對於僅僅充分應用已有的人脈或重新結識新的人脈，**應用六圈法則，從已有人脈當中拓展新人脈更加高明。既省去了直接拓展新人脈的成本支出，還加深了和已有人脈的人情往來，促進了人脈關係的鞏固。**這樣一舉多得，正是我建議應用現有人脈去開拓新人脈的原因。

05 試錯是個大成本，越低越好

情商效率是高情商的體現，很多人會覺得情商高就是會說話、會做事，其實不然。**無論說話還是做事，都是實現目標的途徑，而高情商真正實現的應該是目標已達成的既定結果。**那高情商到底指的是什麼？在我看來，只有能為自己解決實際問題，尤其是高效解決問題的情商才算得上是高情商。

我們講的很多法則和方法其實也都是為了搞定人脈，但是有個基本的事實我們必須承認，那就是不管我們掌握了什麼樣的神器，這個搞定人脈的過程都不會像我們之前預設的那樣順利。這其實有點像套路和搏擊的區別，我分享給你的方法不管多麼實用，我都只能告訴你方法本身，而想在擂臺上搞定對手，需要的是快速反應和判斷的能力，比如對時機和距離的判斷，只有做到精準的判斷，你所掌握的各種技巧才能體現出價值。

搞定人脈的過程也是一樣，對手是一個有獨立思想和利弊判斷的個體，永遠不會按照你的套路出牌。比如，你在去找某人合作或幫忙之前其實是有一個預設方案的，但是對於你說的事，對方也會有一個基於他自身情況和利益的判斷。這不光是來自不同利益訴求的區別，有時候就算是對方不考慮自身利益，出於好心也會給你提出一個他認為更好的方案。於是，當你找到某個人準備讓他幫你解決某個問題的時候，他的回答有可能是這樣的：

「你完全沒必要那樣呀，我們這麼做豈不是更好嗎？」

「你這麼做可不行，其實我有一個更好的方法……」

「很抱歉，我恐怕沒辦法按照你說的去做，但是我倒是可以幫你……」

當然，對方也有可能二話不說就按照你所要求的那樣去做，如果真是這樣的話，不得不說你的運氣真是出奇得好，但是這麼好的運氣並不是經常有的，我們也不能把事情的成敗完全交給運氣。所以，對方不按牌理出牌的問題必須解決。那怎麼解決呢？

一般來說，當聽到類似上面這些回答的時候，你就不得不面對一個現實——事情並不順利，我們得從長計議。你不妨回想一下自己遇到這類情況的時候是怎麼做的。

我先來說一下比較典型的兩種做法：

第一種反應是馬上被對方的建議和拒絕激起強烈的負面情緒，然後被這種負面情緒所掌控，要麼當即拉下臉拂袖而去，要麼就是嘴上說沒關係，心裡卻已經開始盤算下次該找誰碰碰運氣了。第二種反應是完全陷入一種懵的狀況，除了抓狂不知道該幹什麼，對於對方的建議和作為彌補而提供的另一種幫助完全沒辦法做出清醒的判斷。不知道你是不是有過這樣的反應，但是必須要知道，有這兩種反應的屬於低情商者，他們的情商效率非常低，因此，實現目標的成本就會很高。

有一種高情商者的反應是這樣的：首先，他具有剝離情緒的能力，這是高情商者的特質。這種能力會幫助他擺脫負面情緒的糾纏，冷靜分析對方所給的建議和替代方案，然後很快做出一個新方案。新方案會最大限度地融合對方的建議和觀點，這種參與感會讓對方感覺非常舒服，所以這樣的方案一旦被制訂出來，根本就不用擔心執行的問題，因為對方的積極性可能比你還高。這是因為高情商者解決問題的過程帶給對方認同感、參與感和成就感，這幾種感覺相當於精神獎勵，會給對方非常美妙的體驗，這是給多少物質回報都無法達到的效果。

但是，僅僅做到這一點還遠遠不夠，事情並沒有這麼簡單。在這個過程當中必須做到兩個「最大」，你才算是真正的高情商者。**第一，最大限度地堅持自己的原則，以保證事情不會偏離既定的方向；第二，最大限度地調動對方的積極性，以保證事情執行環節的順利。**

上文所述，只是做到了第二個最大。那麼，怎麼樣才能同時做到兩個最大呢？這聽起來是一件難度非常高的事情，不過你不需要擔心，只要學會SWOT分析法，我們就能從容地在溝通中剝離情緒，並快速做出科學決策。

「SWOT」有很多名字，波士頓矩陣（BCG）、優劣分析法、道斯矩陣、企業競爭態勢分析法等。從這些名字中你應該看出來，這套分析法原本是用來為企業制訂戰略方案的。現在我把它借用過來，變成一套能夠幫你在溝通中剝離情緒並快速做出科學決策的心智模型，所以我經常跟學員說這套心智模型是我特意為他們準備的。

SWOT其實分別是四個核心關鍵字的英文首字母：

「S」代表**Strengths**，在企業戰略分析中的意思是被分析對象所具有的優勢。在我的心智模型中，我想讓你思考的是兩個方案各自的合理之處和可行性。

「W」代表Weaknesses，在企業戰略分析中的意思是被分析對象的劣勢和缺陷。在我的心智模型中，我希望你注意的是兩個方案當中不合理和可行性不高的地方。

「O」代表Opportunities，在企業戰略分析當中的意思是被分析對象所具有的機會。在我的心智模型中，我希望你注意的是，這兩個方案中那些能給對方帶來利益和機會的地方，側重點在於對方提出的方案和建議。

「T」代表Threats，在企業戰略分析中的意思是被分析對象所面臨的威脅。在我的心智模型中，我希望你注意的是，這些方案中那些可能會帶給對方損失的地方，側重點在你原本預設的方案。

這就是SWOT模式，用最直白的話來說，就是把你預設的方案和對方的提議放在一起做對比分析。分析的重點在於，前兩點分析是站在你自己的立場去考慮，判斷哪些是合理的、哪些是不合理的，哪些是可行的、哪些是不可行的。後兩點的分析就要轉換立場，站在對方的角度來重新審視判斷，主要觀察你預設方案中哪些是可能會讓對方有所損失和威脅的，對方重新提出的方案中哪些是對方關注和希望得到的，這是你們重新制訂新方案的基礎。如果上面這個問題你都考慮清楚了，你們的新方案要想做到兩個最大原則就不是什麼困難的事情了。

SWOT還有一個作用是幫助你盡快擺脫情緒化思考模式，進入理性思考模式。畢竟考慮這些問題是非常耗費心神的事，一旦開始，就無暇顧及情緒的好壞。需要注意的是，不管對方提出的方案合理性和可行性如何，一定要首先肯定對方的善意和誠意。在新方案的制訂過程中，你需要做的事情是引導，結論性的話讓對方來說，這是他收穫認同感和參與感的關鍵之處。

如果上面這些你都能做到，那你的情商效率就會得到極大提高，即使有波折，也能很快就愉快地做出新決策，而且還是你們共同的決策，而不只是你的。

第六章

直擊痛點，只有高情商者才能解決的 6 個社交難題

01 沒有不能拒絕的事，只有不懂拒絕的人

張猛是個人緣不錯的男孩，但是臉皮比較薄，遇到別人有事相求總是不好意思拒絕，越是這樣，前來求助的人就越多。比如，明明他剛來公司不久，薪水在同事中算是比較低的，可是如果有同事想要借錢，他們第一個想到的肯定就是張猛，就是因為大家都知道他面子薄說不出拒絕的話來，有事找他肯定不會碰釘子。雖然大家都誇他是個好人，但是張猛自己知道，他的生活就快被拖垮了。

莫莉發現他已經被公司的老員工邊緣化了，稍微重要一點的工作他們都會找理由不讓他參與。無奈之下，他只好找跟他一起進公司的項喬探問一下這當中的緣由。詢問之下得知，之所以這樣待他，是因為大家都覺得莫莉不給別人面子。莫莉這才想起來，有幾次下班後或者週末時，那些老員工讓莫莉替他們加班，但是他那時候都已經有了安排，就拒絕了，沒想到會對自己造成這樣的影響。

就像這兩個故事講的那樣，拒絕別人確實是一個棘手的問題，然而我們必須解決這個問題，因為你不拒絕別人，就會被這種沒有意義的成本支出拖垮。

在告訴你高情商者都在用的拒絕方法前，我們先明確一下這些方法到底是用來做什麼的：學會這套方法只能幫你在你明確想要拒絕的情況下，最大限度地減輕拒絕對社交關係的影響，但是並不負責幫你決定要不要拒絕。如果你自己都不確定要不要拒絕的話，這套方法於你而言，作用就非常有限了。因為沒有任何一套方法能讓一個本來就不想拒絕任何人的人學會拒絕，所以在學習這套方法之前，你一定得確定自己想要拒絕他人，只是找不到合適的方法而已。確定了這一點，你很快就會發現，這套方法非常適合你。

讓意願歸意願，能力歸能力

要怎麼理解這句話呢？先想想那些因為遭到拒絕而遷怒別人的人，想想他們是怎麼說的。他們一般都會這麼說，「我一直都把他當作最好的朋友，他竟然這麼絕情不肯幫我」，或者說「這點小忙都不肯幫，簡直太不講情面了」，再或者說「要不是發生了這件事，我都不知道我們之間的情誼竟然這麼不值錢」。但是他們從來不會說「他竟然忙到沒時間幫我，我要跟他絕交」，或者「沒想到他竟然比我還困難，他太不夠意思了」。

明白了嗎？那些因為拒絕而被破壞的關係，都是因為被拒絕的一方堅決以為對方是不想幫自己，而不是不能幫，這才是問題的本質，那些所謂拒絕就會得罪人的說法不過是一種假象。

讓我們再深入一點，為什麼被拒絕者會有這樣的錯覺呢？一方面是求助的一方會本能地把每一個求助對象都想像成是有能力的，否則也不會向他求助；另一方面則是拒絕者的拒絕方法過於直接、直白，沒有把意願和能力的區別表達清楚。

在我看來，在這件事當中，不能做到讓意願歸意願、能力歸能力的拒絕者所要承擔的責任還要更大一些。所以，高情商者用的是高明的拒絕方法，它的終極要領就是想盡一切辦法，不遺餘力地讓意願歸意願、能力歸能力。不僅自己要明確這一點，還要讓被拒絕者明白你是真的幫不上忙而不是不想幫。

明確了這一點，除了本文所述的有限的方法，你還完全有可能在實踐中悟出更多更有效的方法來。

三明治拒絕法

什麼是三明治拒絕法？三明治拒絕法就是把整個拒絕過程分成三部分，最上面和最下面是你非常想要為他提供幫助的意願，就像是三明治中用來夾住火腿、蛋或起司的麵包，而中間的那一層就是你要拒絕的真正理由，那是你關於自己能力不足而無法提供幫助的闡述，對於拒絕者來說，這才是最重要的部分。

這部分給人的感覺越可靠，關於非常願意提供幫助的意願表達才越能顯出真誠。比如，對於同事想要你週末幫他加班的請求，你可以這樣拒絕他：「你能在這時候想到我，我很開心，說明你真的把我當朋友了，我也是一樣。可是非常抱歉，我週末要去女朋友家裡拜訪家長（可以根據不同的安排而改變，也可以是約定好拜訪朋友等），這是上週就約好的事，不然我真的非常願意幫你分擔，畢竟我們是不見外的好朋友。

這次不能幫你真的很抱歉，但是很高興你能找我。」

面對這樣的拒絕，對方怕是很難責怪的。

給一個替代的方案

關於拒絕，我的看法是在自己的能力範圍內能幫忙的話還是會幫忙，因為再高明的拒絕藝術都比不上實際的幫助來得實在。有些文章宣稱學會了高明的拒絕方法，就算是被拒絕了，對方也會高高興興地離開。如果有人這樣跟你說，那他不是情商太低就是別有用心。

我們學會了拒絕的藝術，所能做的就是盡可能減少拒絕社交關係所造成的負面影響。不管你有什麼理由也不管你用什麼樣的技巧，因為被拒絕就意味著他的希望已經落空，問題沒有得到解決，接下來他的處境會更加糟糕。

對這一點我們一定要有清醒的認識，高明的拒絕方法不是萬能的，做到減少負面影響已經很難，讓對方被拒絕了還樂呵呵的，這樣的幻想請趁早丟掉。不過如果有一個替代方案的話，倒是可以把負面影響降到最低，甚至完全消除。

比如，你在表達了自己非常願意提供幫助的意願和自己的困難之後，你又幫他介紹了最有可能幫他解決困難的人，或者是以另外的方式提供一種說明給他，這也是非常不錯的辦法。

給對方一個無法接受的答案

這種方法主要針對那些非常具有「鍥而不捨」精神的人。面對對方的請求，你已經把你的困難講得很清楚了，但是對方偏偏不死心，還是滿心希望讓你再想想辦法，這樣的人會讓人很不愉快，但是最好也不要與之翻臉。

但凡用這樣的方法求人的人，你跟他翻臉的成本都會比較高，那就用現實給他一個讓他無法接受的方案，讓他自己選擇，比你說出拒絕的話要好很多。比如你手上明明已經有不少工作了，有個同事偏偏還想讓你幫忙，面對你的苦衷，他卻堅持讓你想想辦法，你不妨這麼回答：「不然這樣，我先幫你把事情弄好，但是經理上午要的報告可能就做不出來了。你幫我跟經理說一聲行嗎？」他肯定不會想跟經理說，但那也需要讓他自己來把這個結果說出來。

這就是幾個最大限度降低拒絕為人際關係帶來負面影響的方法。在拒絕別人的這件事上，我們尤其要明白兩點：

第一，所有拒絕的藝術都有一個終極要領，讓意願歸意願、能力歸能力。

第二，所有拒絕的藝術都是在盡可能降低拒絕為人際關係帶來的負面影響，但不要指望被拒絕的人還能滿心歡喜。

02 別讓安慰變成捅刀子

被情商超低的朋友安慰是一種什麼樣的體驗？他明明有副熱心腸，卻到處出力不討好，明明是在安慰別人，但是說出來的話卻讓人懷疑他是不是死對頭派來補刀的。沒錯，情商低的人若是開始安慰起別人，真的有這樣的殺傷力。

比如，一個女孩失戀了，熱心的閨密不惜把自己的男朋友撇在家裡，陪著傷心的失戀女孩徹夜長談。這件事怎麼看都應該是讓人心懷感激的，但是因為安慰者的情商極低，整件事情的走向就很可能發生逆轉。

被分手是什麼樣的心情？要麼覺得自己是遇到了渣男為自己的遭遇忽憤不平，要麼就是覺得自己命苦，為什麼對方偏偏就不喜歡自己。但是不管是屬於哪一種，女孩的哭訴都有可能被低情商的閨密給帶偏。

一般情況下，閨密要麼接過話題附和說那個跟女孩分手的男人真的很渣，並搬出自己的男朋友與之做對比證明那男人真渣，卻沒想到這對失戀女孩而言是變相的曬恩愛；要麼就是勸你不要傷心，為這樣一個心裡沒有他的人難過不值得，勸著勸著可能還會搬出自己的男朋友來證明那男人有多不值得女孩愛。如果你是這個女孩，會不會有一種請閨密出去並讓他從外面把門關好的衝動？

這只是從生活中截取的小片段，情商不夠高的人安慰別人大抵上就是這樣，雖然在細節上會有一些出入，但是給人的感覺大致如此。那麼，你有沒有想過自己在別人眼裡也有可能是一個「補刀俠」呢？只不過一般情況下被安慰的人看著對方也是一片好心，終歸是不忍心讓對方難堪而已。不過，你也不用為此而憂心，我們可以學習高情商者是怎麼安慰別人的，學會安慰人的技巧，從此就可以告別「補刀」的命運了。

在說怎麼做之前，要先明白當我們在談論安慰的時候到底是在談論什麼。

我們是在談論對與錯嗎？很多人都會有這種想法，但是很遺憾，事實根本不是這樣。我們是在討論建設性的意見嗎？確實，有些人在安慰別人的時候總是試圖給出建設性的意見，但是結果卻並不很理想。

我們要讓自己當個「假會」的人嗎？很多人可能沒這樣想過，不過他們確實就這麼做過，儼然一副早已看穿一切的高人姿態，開口閉口「我早就說過」、「我早就知道」、「果然不出所料」，弄得對方跟什麼都不懂一樣，這樣真的不太好。

那麼，用自己的經歷現身說法呢？也許這樣會有些作用，但是除非你跟他一樣處於困境，不然一不小心就會像故事中的熱心閨密一樣變身為「補刀俠」，就會成為這幾種情況當中最糟糕的一種。

那麼，當我們談論安慰的時候，我們到底在談論什麼呢？我們其實是在談情感的宣洩，既不需要判斷對錯也不需要人生導師，需要的是認同和陪伴。

明白安慰這件事的心理特質之後，我們就好談論安慰的正確方式了，安慰別人的正確方式需要注意下面幾點：

關注情緒，虛化背景

當人們需要安慰的時候，他真正需要的其實就是情緒上的宣洩。作為一個高情商的安慰者，你要做的就是陪伴被安慰者，引導他把心中的負面情緒發洩出來。你的關注重心應該放在他的情緒變化上，而不是其他細枝末節上。最好的狀態應該是這樣的：對方在經過歇斯底里、咬牙切齒、痛不欲生等各種情緒變化之後，擦擦眼淚說「好了，哭出來感覺好多了」，或者「現在沒事了，這些話要是沒說出來，根本會把我憋死」。當他說這些話的時候，說明已經回歸平靜的狀態，剩下的就是安靜的心痛或者淡淡的憂傷了，這些他自己已經能夠應付得了了。至於在這個過程當中，他那洶湧的眼淚和各種碎碎念，你完全不用放在心上，這時候你更應該扮演一個類似於守關護法的角色，陪伴他，保證不會有意外發生，情感的發洩就讓他自己來完成。

管好自己的表達欲

我們生來就有好為人師的本性，這不能說是好或者不好，好的時候，比如我們需要向別人請教問題的時候，能夠免費從對方那裡獲得知識和經驗；或者別人需要我們答疑解惑的時候，有助於我們聚集更多的人脈資源。不好的時候也有，在安慰別人時忍不住充當人生導師就是非常典型的不好表現。

坦白說，在安慰別人的時候管好自己的表達欲真的不是一件容易的事，因為這時候你面對的這個人看起來特別無助，而且他這時候的表達很可能是這樣的：「我真的不知道怎麼辦」、「你說我該怎麼辦呢」……這樣一聲聲的召喚，是不是讓你很難控制住想要表達自我的欲望？恐怕是的。但是如果你這麼做了，你就離題了，這時候你需要默念第一項，「他需要的是情感的宣洩，這些碎碎念不過是宣洩情感之前的開場白」，這個時候，你要做的就是控制你自己的表達欲，這很重要。

別說「千萬別哭」，而要說「哭吧哭吧」

在安慰別人的時候要管好自己的表達欲，其實就是不要過度介入事情本身，不要試圖替對方判斷對錯，但是你也不能一點建議都不給，這樣會讓對方覺得你對他的遭遇無動於衷。當然，完全無動於衷的人其實並不多，絕大多數的人在這種時候還是會有所表示的，只是他們表示的方式卻都是「阻塞」式的，典型的句式是：「別哭，別難過了」、「別這樣，不值得」、「別太激動，讓自己冷靜一下」，而被安慰者的回應可能是這樣：「不難過？發生這樣的事情，我能不難過嗎？」「別那麼激動？你知道我經歷了什麼嗎？」那麼你應該怎麼說呢？比如：「你心裡一定很難過，那就哭出來吧」或者「覺得很悶，就痛快說出來，別什麼都不說」，這樣做就是要引導被安慰者把情緒宣洩出來，而不是阻礙他宣洩情緒。

我能體會你的憂傷，就像我親身經歷一樣

稍微專業一點的關鍵字是「同理心」，直白一點的表達就是：我能體會你的憂傷，就像我親身經歷的一樣。總之，在情感上要與被安慰的人保持一致，這種情感上的認同和同步會讓對方覺得你是一個真正懂他的人。你懂他的感受，這對處於情感脆弱期的他來說非常重要，能做到這一點的才是真正懂得安慰別人的人。

要怎麼做才能做到情感的同步呢？你需要在兩個地方下功夫。首先，用心捕捉對方的情緒變化，是傷心、焦慮、恐懼還是不甘？然後在自己的經歷中搜尋相關經歷，透過你的表情把這些情感表露出來，或者用語言把這種感受表達出來。如果你沒有這

些經歷也不要緊，盡量表示認同就好，比如：「發生了這樣的事情，你一定很難過」或者「我能想像你現在有多傷心」。需要注意的是，千萬不可以言不由衷，情緒和言語保持一致才是最重要的。

03 幫忙幫成仇人是怎麼回事

我在前面的文章中說過關於低情商者的幾個典型特徵，其中有一個就是沒來由地堅信付出就一定會有回報，尤其是在幫助別人這件事上，他們的信條是只要肯付出，就一定會得到回報，這樣的想法可能會導致幫忙幫成仇人。

比如，為了聚集人脈，對於一些明確超出自己能力的事情，他們總是會憑藉滿腔熱情大包大攬，但是其有限的能力卻撐不起想要幫助所有人的雄心，最後自己累個半死還搞砸了別人的事情，換來的就只能是別人的白眼。

比如，看到別人需要幫忙的時候，他從來不會等對方開口，立刻進入自動自發模式，完全不覺得需要先詢問對方的意見，看看對方有沒有別的安排。結果呢？好心辦壞事的機率要遠遠高於雪中送炭的機率，於是，這個多管閒事的帽子就算是戴穩了。

再比如，有些人的事情旁人都不敢插手，唯獨他敢。過程倒是很順利，事情的結果也還不錯，但是對方的態度卻讓他始料未及，不僅沒能收穫感恩，倒像是養了一個仇人。

我用一種近似白描的方法描繪了在幫忙這件事上搞不清楚狀況的低情商者畫像，但是千萬不要因此就懷疑我對正能量的支持，相互幫忙、互相成就一直都是高情商課程的基本精神核心之一。

我之所以描繪低情商者的畫像是為了告訴你，幫忙這件事需要講究方法和策略，絕不只是憑著一副熱心腸就能萬事大吉。如果沒有一套幫忙的智慧作為支撐，那幫忙幫到沒朋友這種事遲早都會找上門來。作為一個高情商者，一定要有利他主義思維，但比這更重要的就是掌握一套幫助別人的方法和策略。

非請勿動，動則必請

這句話是說，提供別人幫助本來是一件好事，但是千萬不能表現得過於急切，最好是等對方開口請你幫忙之後再量力而行，就算你擔心對方不好意思開口求助，也要在行動之前問清楚對方是否真的需要幫助。

為什麼要這樣？如果你對一件事情過於主動，難免會讓對方猜疑你是否別有所圖。再則，對方不開口總有不開口的理由，也許是在想別的解決方案；也許對方真的需要幫助，但是你並不是理想的求助對象，這時候你貿然介入必定會打亂對方的計畫，這就是典型的出力不討好。所以，答應對方的求助是一種情分，對方會念你的恩情，但是過於急切那就是多管閒事了。

事求圓滿，話不能太滿

答應對方的事情就一定要盡心盡力去完成，力求把事情辦得圓滿。但是不管你對這件事情有多大的把握，在答應對方的時候你都要給自己留點後退的餘地。類似於「包在我身上」、「絕對沒問題」、「對我來說小菜一碟」這類的話，雖然聽起來很振奮人心，但是你最好不要輕易說出口，因為凡事皆有意外，你無法預見這中間會有什麼意想不到的事情發生。

萬一事情出現疏漏，對方會覺得答應得好好的卻沒辦好，那肯定是你沒盡力，最糟糕的就是因為你的大包大攬，對方把所有的希望全都壓在了你的身上。事情要是沒辦成，你們會不會反目成仇呢？所以，最穩定安全的表達方式應該是這樣的：「這件事情，我會盡我所能去完成，但是為了防止出現意外，你最好準備一個應急的方案。」對於特別重要的事情，千萬要提醒對方一定要準備備用方案。

多參謀，不越權

同樣的事情，幫別人比替自己做要難很多。因為自己做事，後果由自己來承擔，這就擁有足夠的決策自主權。但是當你在幫別人的時候，這個決策權並不在你手中，所以結果的不確定性會更大。雖然對方可能會說事情交給你了，一切都會聽從你的安排，但你也需要把重要的事情跟對方講清楚，讓對方做這個決定，一些重要決策的簽字等也不應該由你主動代勞。

雖然有時候把一些相對專業的知識跟對方講清楚並不是一件輕鬆的事，但也得讓對方明白某個決策可能會帶來什麼樣的後果。當對方明確知道將會面臨什麼的時候，讓對方做出最終的決策，而你需要記住的就是，誰來承擔後果誰才應該擁有決策權，你所能做的就是多參謀，跟對方把利害說清楚，但是千萬不能越權。

幫忙也要講究價值的演算法

幫忙也要計算價值嗎？當然要。算什麼？算的是在對方請你幫忙的這件事情中有沒有體現出你的優勢價值。比如，你是一個律師，朋友遇到法律問題向你解惑，你運用的是你的專業知識，體現的就是你的優勢價值，這是你擅長的事情也是別人不具備的優勢，這件事就是可行的。但要是有個朋友家裡在裝修，想讓你過去幫兩天忙，這件事情就完全體現不出你的價值優勢，你可以介紹一個可靠的裝修公司給他，這比你去做裝修還要可靠許多。這個原則就是**用你的優勢去幫助別人，別把時間和精力浪費在那些低價值或者你根本就不擅長的事情上**。

幫勤不幫懶

當有人向你求助的時候，你除了考慮自己能不能勝任，還需要考慮這件事到底值不值得幫。這個標準就是，尋求幫助的人是因為事情本身真的超出了他的能力範圍，還是因為這件事他自己能做，甚至能比你做得好，而他純粹是因為怕累想找個免費勞工而已。如果是後者的話，客氣地告訴他你也很忙，真的抽不出時間，要是擔心這樣不太好，那就告訴他解決的方法，實際上還是請他自己來做。

接受回報是必須的

為別人提供幫助到底要不要接受回報呢？我的觀點是，最好接受，不過要注意技巧。這樣其實容易被誤解，很多人會打著「施恩不圖報」的旗號說這有損人品，但其實這是情商的問題。為什麼？因為接受對方的回饋不只是一種接受，更是一種給予，你給予對方的是尊嚴，這才是高情商者應該做的，你需要注意的就是在別人「富裕」

的地方要回報。

比如一個還在實習階段的同事，你幫助他解決了工作上的難題，請你出去吃飯對他來說可能是一筆不小的開銷，索性就請他幫你跑個腿吧，這個回饋方式對他來說是力所能及的。需要記住的是：**不計回報、不計成本的幫忙其實是有損對方尊嚴的行為，你可能會好心辦壞事；巧妙地接受對方的回饋，你的幫忙才能幫你贏得人脈**。高情商者都應該知道在社交這件事上，讓對方保有尊嚴有時候比給予更重要。

04 真正的高情商，就是敢明目張膽地恭維別人

恭維之所以會成為人際交往中的痛點，跟它的地位有很大關係。怎麼定義恭維的地位呢？就是特別微妙。按照它在社交中的作用來說，它的地位非常高，恰到好處的恭維是高效社交的潤滑劑，是高情商者必不可少的社交利器。然而，卻沒有多少人願意把這個話題放在明面上來探討，要想在這方面進一步學習和提升更是一件難事了，這是因為很多人一直都搞不清楚恭維和諂媚的區別。

雖然恭維備受爭議，卻並不妨礙其在社交中的作用。人天生就喜歡被讚美、被認可，這是人本能需求中非常重要的一部分。雖然我們知道那不一定就是真實的，但是依舊會為我們帶來愉悅感。有人可能會說，有些偉大的人物就不喜歡被讚美，那我就需要更正你一下，他們不喜歡的是露骨的阿諛奉承，而不是恰到好處的讚美。

眾所周知，晚清三傑分別是曾國藩、李鴻章和左宗棠，「三傑」之一的曾國藩特

別不喜歡別人對他阿諛奉承。有一次晚飯後，他跟幾個幕僚在一起閒聊，說起了當時的風雲人物。曾國藩就說：「彭玉麟、李鴻章都是大才，為我所不及。我可自詡者，只是生平不好諛耳。」這句話意思非常明顯，像彭玉麟、李鴻章這樣的人物都是有大才幹的，我跟他們不能比，但是我唯一值得自豪的就是，我不是那種喜歡奉承的人。曾國藩說完，旁邊的一個幕僚接過話說：「您跟這幾位都各有所長，彭公威猛，人不敢欺；李公精敏，人不能欺……」

話說到這裡可就有點尷尬了，本來按照既定邏輯，接下來肯定是要說讚美的話了。但是曾國藩已經有言在先了，說自己最值得自豪的地方就是不喜歡被人奉承，繼續誇下去是不是就有點頂風而上的意思了？然而曾國藩聽到這裡卻來了興致，對在場的人說：「那你們覺得我怎麼樣呢？」繼續說的難度有多大可想而知，這時候是不是不能再說讚美的話了呢？絕對不是。

這時候走出另外一個幕僚，說：「曾帥仁德，人不忍欺。」

這是不是讚美的話？明顯就是嘛。但是這個剛剛說過自己最討厭阿諛奉承的曾國藩聽了之後是什麼反應呢？一邊哈哈大笑，一邊連連擺手說：「不敢當，不敢當。」

卻在事後打聽這個幕僚的情況，並且說：「此人有大才，不可埋沒。」

發生這麼神奇的事情到底是為什麼呢？就是因為我們有被認可和被讚美的需求，這種需求的力量是毋庸置疑的，這也是本文想要談談讚美和恭維的底氣所在。在此之前我們需要先明確恭維和諂媚的區別。此處借用一下兩位大師級人物的話，一位是國學大師南懷瑾，他是這樣說的：「對別人勇於直言不諱地批評是品行剛正的表現，但善意地恭維別人也是世間必不可少的。不管別人怎麼認為，我總覺得，多說別人一些好話更對一些。」另一位是日本著名佛學家、社會活動家池田大作，他的話是這樣的：「為了個人陰暗的私利而極盡溜鬚拍馬之能事只是可鄙的小聰明，但是看到別人的優點，能夠坦蕩地讚美別人，卻是胸懷寬廣、能成大事的表現。」南懷瑾的話告訴我們讚美和恭維的重要性，而池田大作的話則直言不諱地點明瞭讚美和諂媚的區別。

總結，諂媚和阿諛奉承是為了一己私利而不顧事實，刻意、誇張地溜鬚拍馬。讚美和恭維則是在對方優點之上坦蕩地認可，是好話，既是胸懷寬廣的象徵也是能成大事的表現。所以讚美和恭維我們不僅要會說，更要坦坦蕩蕩地去說，要坦坦蕩蕩地學習讚美和恭維的藝術。

理解了讚美和諂媚的本質區別，現在就該坦坦蕩蕩地學習，坦坦蕩蕩地去實踐，做一個會讚美別人的高情商者。那麼高情商者該如何修練讚美和恭維的藝術呢？

1. 逢人減歲，遇物添錢

這是人人都應該掌握的恭維技巧，意思就是見到年長者你應該在其實際年齡上再減去幾歲；要是評價別人的物品，則應在原有的價錢上再加價。這是具有善意恭維的一個通用技巧，當然這個實際年齡和實際價格就要用你的眼光來判斷了，如果你實在看不出實際年齡和實際價格，那就按照你所認為的最小年齡和最高價格來說。對於一些奢侈品品牌，你最好是按照正品來說，不要怕說錯了，即使錯了對方也不會生氣。不過使用這一法則，你需要把握好一個適度原則，如果你偏要把一個長者誇成年輕人，對方會覺得非常尷尬。

2. 要言之有物，不可空穴來風

有些不太會恭維別人的人，為了偷懶總想著套用現成的恭維話。這樣做非常糟糕，用不好會鬧笑話。讚美和善意的恭維是建立在對方的優點之上，所以一定要言之有物，千萬不能空穴來風。比如說有人覺得誇女性漂亮是一件很妥當的事情，但是對有些人並不適用，如果你套用這個方法誇對方漂亮，很可能會被認為是嘲諷和挑釁。正確的做法是，你需要誇得具體，還要精準到位。就算對方不算漂亮，也許他身材苗條呢？就算是身材也不苗條，也許他皮膚好呢？只要誇得准，對方一定會很開心。

3. 投其所好，說出一種可能性

這個方法適合那些見過面或者比較熟識的朋友，因為你知道對方整天心心念念的是什麼，你就可以投其所好，說出對方心中所期望發生的事情。使用這個法則，你需要使用一個模糊的表達法，比較好用的詞是「看起來」、「好像」、「是不是」這種充滿可能性但是並不確定的詞語。比如，你知道對方在減肥，下次見面的時候就可以說「你看起來好像瘦了，看來你的努力有成果」，而不是「哎呀，你比之前瘦了好多」。如果對方告訴你不僅沒瘦，還比原先胖了幾公斤，這豈不是要弄巧成拙了？當然，如果對方真的變化很明顯，那就盡情地讚美吧，不過那時你使用的就不是這個技巧了。

4. 適當自嘲，但不可自辱

有時候對方身上的優點並不明顯，現實中確實存在這種情況。不過這並不影響你的恭維和讚美，只是需要你有一些自嘲的勇氣和智慧，需要用你某些無傷大雅的不足來跟對方對比，以突出對方的某些優點。比如對方屬於中等身材，但是你體形稍胖，你就可以誇對方身材好，對方也許會說「其實也還好了」，你可以接著說「在我們這些胖子眼裡，這樣的身材就已經很讓人羨慕了」，對方會不會高興？當然會。但是切記自嘲不可過度，如果到了自辱的程度，那真就變成一副諂媚的嘴臉了，這絕對不是高情商者應有的形象。

05 越「罵」越親近才是真的高手

你有沒有過批評別人的經驗？我敢肯定，絕對有。那麼有沒有人因為批評別人而把關係搞僵，從而把事情也搞砸的經歷呢？我敢肯定，絕對有。

比如，公司新來的實習生成了你的搭檔，畢竟是新人，各方面的不足導致他錯誤頻出，於公於私你都覺得有必要找實習生談談，這種情況下的「談談」其實就是一種批評。整個過程中你覺得自己已經做到了推心置腹，接下來對方就應該迎頭趕上，跟你齊頭並進了。可是你沒想到，第二天你的搭檔就消失了，原因竟然是對方覺得自己受到侮辱，乾脆辭職不幹了。

比如，你是一家雜誌社的編輯，你們的設計是外包的，你需要經常跟設計公司的設計師洽談。可是最近這陣子你覺得對方傳來的提案水準比之前差了很多，經過多次調整之後，勉強算能交差了。於是，你想跟對方聊聊他近來的工作狀態，聊的結果卻是第二天人家告到編輯部主任那裡，要跟你們終止合作。

經歷了這樣的事情，是不是會覺得非常不爽？會不會想到對方很「玻璃心」？雖然「玻璃心」這個詞現在出現很頻繁，網路上相關的事情多到不行，但那不過是網路聚焦效應而已，它在我們工作中出現的頻率並不高。如果你覺得你玻璃心的頻率確實高得嚇人，那我們就有必要談談批評的藝術了。玻璃心的存在是事實，但是你也應該反思一下你在那些「談談」或者「聊聊」的過程中到底有沒有做錯什麼。

以下是幾種常見的錯誤的批評方式，歡迎對號入座。

批評還是發洩，傻傻分不清

很少有人能在批評的時候不帶一絲情緒，但是高情商者瞭解批評和發洩的區別，在批評時會拿捏有度，讓對方不自覺地進行自我反思；低情商者會把自己的行為完全交給負面情緒，一旦受控於負面情緒，就不可能出現一個好的結果。後者做的所有事情、所有的話都是為了把憋在心裡的負面情緒發洩出來，那他所發起的這場談話其實就不能叫作批評，而應該叫作謾罵，我們平時見到張牙舞爪指著別人的鼻子將其罵哭的那種行為都屬於謾罵。俗話說，無恥的謾罵能夠把天才變成庸才，可見這樣毫無節制的情緒發洩能夠擊垮一個人的自尊和自信心，自然也就是情理之中的事情了。

說人還是說事，傻傻分不清

為什麼你只是跟他談談工作當中的錯誤，卻讓他有一種人格受到侮辱的感覺呢？因為很多人在批評的時候沒有把人和事分開。有的本來想就事論事，但是自身實力不允許；有的則是因為覺得事是人做的，事沒做好肯定是人的原因，為什麼要分開呢？不管是哪種原因，他們的批評中都會充斥著「笨」、「不負責任」、「無能」、「沒出息」這樣的字眼，哪怕沒有這麼直白，也依然句句充滿了對人的否定。

談話本來應該是針對事情的，卻不知不覺就變成了針對人，輕而易舉地就把批評演變成了批判。雖然只有一字之差，但是事情卻有了本質上的區別，對方覺得你是在針對他，或者跟他過不去，看他不順眼，也就不是什麼難以理解的事情了。

過去和當下傻傻分不清

在批評的時候，有些人的思維是隨意散發式的，聽的人完全抓不他的邏輯，一下子說眼前的事，一下子說以前的事，說的人滔滔不絕，聽的人頻頻點頭。過後，被批評的人想破頭也搞不清楚自己為什麼挨罵，而批評的人事後想想也搞不清楚自己到底都說了些什麼。這樣的批評除了耽誤時間和破壞關係，也沒有什麼別的價值了。

針對上面這些錯誤的做法，首先可以自我對照一下，看看這些錯誤你占了幾個，然後就能明白為什麼你會遇見那麼多的玻璃心了。要想在批評別人的過程中，用最小的代價實現最大的價值，平和而有效的談話必不可少，你還需要掌握如下技巧：

1. 有效的批評需要清晰的目標

這是進行一場高效批評的第一步，要想取得預期效果，你需要在進行批評談話之前明白你的目標是什麼。說到底，批評和表揚一樣，都不過是用來激勵人的手段，都是希望激發談話對象的積極性，不是要摧毀一個人的信心，也不是為了徹底否認某人的能力。認知到了這一點，才不會在表達時說出一些過激的言語。

讓人變得更優秀、更積極是所有批評的總目標，不過光有這個總目標還不夠，你得有一個足夠清晰、具體的小目標，是你這次談話所特有的目標。比如，對於不太會顧全大局的副手，你的批評目標是讓對方意識到這個問題的嚴重性，從而變成一個具有大局觀的人。有了這個目標，你才能把主要精力放在怎麼達成目標上，這樣的批評才會更加高效。

2.用沉默的力量代替語言暴力

批評的藝術講究的是在不給對方帶來傷害的基礎上實現自己的目標，不過這並不等於我們不能表達自己的情緒，而且正確地運用情緒的力量還有利於對方意識到問題的嚴重性，這樣才能引起對方足夠的重視，你達成目標的機率才能更高。

高明的批評者從來不屑於使用過激的語言來表達自己的情緒，卻會巧妙使用沉默的力量向對方傳達自己的失望或者憤怒。要想在批評時充分發揮沉默的力量，你需要的不只是閉口不言，還要輔以一些肢體語言和微表情。比如用深呼吸來平復情緒，用輕揉額頭來傳達你的失望，這既是平復自己、避免失言的有效方法，也是在向對方傳遞一種信號。

沉默用在談話之前，可以讓對方意識到問題的嚴重性；用在談話中間，有利於對方反思自己的過錯；用在談話結束之前，有利於對方對接下來要面對的結果有一個心理準備。因為很多時候，批評過後還需要被批評者承擔一些後果。

3. 把握輕重話的分寸

關於批評，古人有句話叫作「響鼓不用重錘」，那是因為響鼓的鼓面已經繃得很緊了，再用重錘很可能會把鼓敲破，現在我們探討批評的藝術，原因也是如此。不過有時候重話該說還是得說，否則，總是說一些不痛不癢的客套話，做一個老好人，根本就解決不了任何問題。我們需要做的是把握好說輕重話的分寸，實際的方法就是把重話放在事情還不是很嚴重，對方還沒有放在心上的時候說，才能讓他警醒。但是如果事情已然非常嚴重，嚴重到已經影響到了對方的心理狀態，這時候就要重話輕說甚至不說，除非你已經打算放棄他了。

很多新入職場的人會覺得，批評是上司對下屬做的事，而自己現在只是一個新人，有什麼資格和機會批評別人呢？其實不然。批評在本質上是與人溝通的一種行為，而擅長溝通則是高情商者的一種體現，因此修練高情商就避免不了學習與人溝通的藝術，而批評的相關話術則是離不開的學習內容。如果掌握好以上這幾種批評的方法，就可以解決我們生活中經常遇到的大多數相關問題。

06 不是任何人的「對不起」都能換來「沒關係」

道歉，其實是一個大家都不願意多談的話題，因為說起來多少會有些尷尬。但是這個話題我們必須談，因為我們的目標就是用高情商解決現實的問題，而道歉絕對是一種很難解決的人際交往問題，這個問題沒有解決得宜，你就無法成為一個真正的高情商者。

說起道歉的經歷，想必大多數人都有自己的痛點。有道歉成功的，彼此之間關係一如以前，仍然相交甚密；有道歉失敗的，輕者彼此關係受損，重者老死不相往來甚至反目成仇。那麼關於道歉，最重要的是什麼？

是勇氣嗎？這是一個不錯的答案，因為不是誰都能面對自己的過失，說出「對不起」這三個字的，道歉確實需要勇氣。

是真誠嗎？這也是一個不錯的答案。當事情需要你道歉的時候，也就意味著你已經給別人造成了一定的損失或者傷害，不管是有心還是無心，都不是僅憑「對不起」這輕飄飄的三個字就能解決的。所以，道歉必須足夠真誠。

是擔當嗎？這個同樣非常重要。缺少了擔當的道歉，不管怎麼說都顯得非常虛偽。可以說，勇於擔當是道歉的靈魂所在，也是絕對不能少的。

也許你還能想到其他因素，而且也都非常重要。不過我們要知道，類似這樣的因素對合格的道歉來說雖然必不可少，但它們都屬於精神核心範疇之內，它們並不能直接幫你解決能不能被原諒的問題。這些因素都需要你有一些具體的方法來確保實施，因為道歉也是有目標的，我們不能否認這一點。比如你想要獲得某人的諒解，你需要挽回的人或事，這些都是你道歉的目標，這些目標能不能達到，這些精神核心上的因素都是非常重要的，因為這些是基礎。不過，我們還需要掌握以下這些道歉的技巧：

道歉要看時機

做什麼事情都要講究把握時機，道歉當然也不例外。從原則上來說，道歉的時機把握應該遵循及時原則。如果只是一些小誤會、小失誤，就一定要及時道歉，以免對方對你形成成見，或者在心裡留下芥蒂，這時候越早道歉就越能讓對方感受到你的誠意，但如果事情比較嚴重，對方的情緒難以平復，那就不是越早越好了。當對方還在氣頭上的時候你就往槍口上撞，實非明智之舉，這樣不僅解決不了問題，還有可能讓事態進一步惡化，這時候不妨冷靜一下，等對方能夠正常對話的時候再道歉也不遲。

開口引言，釋放情緒

有時候也許是因為太想早點結束這個令人難堪的過程，所以很多人在道歉時總是一開口就說一堆話。比如：「對不起，剛才是我的態度不好，我不該對你說那樣的話。其實我當時是想說……」然後就一口氣地把所有的話全都說完了，最後還不忘加一句：「我現在知道說這樣的話是我的不對，希望您能原諒。」

道歉者所說的內容我們先不做評論，我們先想一想，這種道歉的方式是恰當嗎？所有話全都讓道歉者說完了，對方除了說一句「沒關係」還有別的選擇嗎？如果有，那就是再跟道歉者吵一架。為什麼？因為對方心裡也是憋著一口氣的。道歉者把話全部說完了，就只留給對方一句「沒關係」的選擇，對方要是真的順著道歉者的意思說了這句話，就會有一種被逼迫感，心裡會不會更悶？

我們要明白，批評也好，道歉也好，都是非常危險的溝通形式，因為它們都是在情緒極度不穩定的情況下進行的。**批評需要的是制怒的能力，道歉需要的則是引導對方釋放情緒的能力，做不到這一點，就別指望能有一個好的結果**。怎麼辦呢？先說一句「對不起」然後停住，把說話的權利交給對方，讓對方胸中排不出去的這口怨氣隨著表達發洩出來。一旦對方心裡舒坦了，接受道歉就沒有那麼難了。

引導對方復盤

所有道歉都離不開「錯在哪裡」，如果連錯在哪裡都不知道，恐怕很難讓對方相信你的誠意。就算你說起來會覺得有些尷尬，那也不要回避，因為避無可避，而應該思考「錯在哪裡」。不過在怎麼表達上還是有些講究的，比較可靠的方式就是引導對方復盤。怎麼做？就是有節制地表達。

當你跟對方說「對不起」之後，不妨先說事件當中的某一個細節，或者比較籠統地說你不對的地方。比如「對不起，我剛才不應該那樣跟你說話」，或者「對不起，我剛才對你的態度不好」，那麼對方一般會怎麼說呢？多半是「你哪句話說得不對？」或者「你態度哪裡不好？」這就是個不錯的開始，你的引導已經產生作用了，然後你就可以引導對方復盤了。

要記住，復盤的目標是用具象化的自我批評來展示自己的誠意、化解對方的怒氣，而不是為了自己辯解，不然又會重燃戰火了。自己的錯誤要表達出來，但要簡潔到位。後面的自我批評才是重點，否則在自己的錯誤言行上停留太久，說不定又會勾起對方的怒火，那可就得不償失了。

用善後展示自己的誠意

我們都明白一個道理，那就是要想知道一個人心裡是怎麼想的，不要只聽他怎麼說，還要看他怎麼做，這一點在道歉這件事上尤其明顯。該承認的錯誤承認了，自我反省也做過了，對方的怒火也平息得差不多了，這個時候就該拿出你的善後方法，跟對方說一下你準備用什麼來彌補你的過失，這才是真正展示誠意的時候。

實際上要用什麼樣的方式，那就要看這件事情到底有多嚴重。需要注意的是，給出方法時一定要給對方足夠的尊重，比如把對方引向寬容大度的人設，對方的怒氣本來就消了一大半，再加上這個人設，選擇諒解你也就順理成章了。

用過往達成諒解

前面說的事情都做好了，道歉看起來完成得差不多了，其實不然，因為這時候才是決定你收穫的時候，千萬不能掉以輕心，如果你只是簡單說一句「謝謝你的原諒」就太草率了。要知道，上面的事情全做到了，那也只是說這件事情解決了，但是由此對你們的關係造成的破壞你尚未來得及修復。不修復的話，很可能這件事情到此告一段落，而你們的交情也到此告一段落了。

怎麼修復呢？離開當下，回顧過去，展望未來。重申一下你們過往的美好，記住，不是強調你對對方的好，而是你們一起經歷的美好，千萬不要弄混了，否則將前功盡棄。最後展望一下未來，經常說的那句話是：「我們之間經歷了那麼多，才建立這麼深厚的感情，以後我會更加珍惜的，你看我的表現。」這就是在表決心，更是在為以後的繼續交往開一個好頭。為什麼有的人吵架之後會變得生疏，而有些人卻能越吵越親密呢？區別就在於高情商道歉藝術上，希望你能掌握，在遇到類似問題的時候能夠游刃有餘。

第七章

讓閒聊更有價值

01 溝通之前先來點開胃的「閒聊」

前幾章講述了很多高情商變現的法則和方法，但是這些只有在與人接觸的過程中才能施展。我在上一章提過，**高情商變現其實就是搞定人的過程，而要想搞定一個人就需要對方能跟你好好說話**。這就需要一個開始，一個能夠在語言上進行零距離接觸的開始，能否好好地做到這一點，考驗的是我們「閒聊」的功夫。

什麼是閒聊？閒話家常？閒談？搭訕？從社交功能的角度來看，這個「閒聊」確實跟搭訕有些相似的地方，但是仔細說起來，它們之間還是有很大區別的。搭訕是指包括自我介紹在內用來完成從0到1的社交方法，注重的是開始，而本文所講的閒聊技術，不僅要從0到1，還要把這個「1」牢牢固定住，使之衍生無限可能的機會。

比如，在一個慈善酒會上，你端著一杯酒走到一個陌生人跟前，客氣而又禮貌地向他介紹了自己，對方也向你做了自我介紹，然後呢？

比如，在飛機上，隔壁座位的女孩瞬間就吸引了你的注意力，讓你有一種小鹿亂撞的感覺。你對他微微一笑，對方也回了一個甜甜的微笑，然後呢？

比如，在某一次的職業交流會上，某位同行無意間露出的「一小手」讓你嘆服不已，你主動走上前去向他表達了敬佩之情，然後呢？

「閒聊」要解決的就是這個「然後」的問題。介紹完了，寒暄完了，第一回合的接觸完成了，然後能不能開啟一段愉快的聊天，這才是能不能開啟一段關係的關鍵。我經常會在一些活動上看到一些新人，他們的開場白和自我介紹設計得不錯，卻不能解決這個「然後」的問題。

介紹完自己，轉身就奔向下一個目標了，好像他們所要做的就是要跟所有在場的人介紹自己，並不關心別人能不能記住他。其實，他們非常希望別人能夠記住自己，但他們真的不知道接下來還能做什麼，為了避免令人尷尬的冷場就只好倉皇逃離了。沒錯，他們並不是真的想離開，而是被迫逃離，這是一件非常遺憾的事，逃離的結果就是你的一番辛苦跟那些在路邊發傳單的工讀生效果差不多，甚至還不如。

我猜那些錯失良機的年輕人沒人跟他們說過「閒聊」的技巧。關於「閒聊」，我們要知道的第一句話就是：**作為陌生人社交的第一個部分，你沒辦法為它設置任何主題，也無法期望能達成某個明確的決議，但是它本身對於開始一段新的關係卻有著非常重要的作用。**這句話聽起來有點拗口，但事實就是如此。說它重要，那是因為它決定著接下來這段關係能不能被確定；說它不能被賦予任何明確的意義，那是因為這時情感交流尚未進行，彼此的信任感還沒有建立，這時候談什麼都為時尚早。

這就是我要告訴你，做好「閒聊」的第一個關鍵點——心態，閒聊不閒，卻無法承受任何任務，明明很重要，你卻只能等閒視之。最忌操之過急，最忌交淺言深。

「閒聊」的第二個關鍵點——切入的角度。只有選好了切入點，才能順利地拉對方入局，讓對方與你展開一段對話。要怎麼選擇這個切入點呢？我教你一招，勾聯發問法，就是上面能聯，下面有鉤。

勾聯發問法就是關注眼前所見和寒暄的內容，從這裡面尋找你的切入點。比如，上面提到的第一個例子，你先向對方介紹了自己，然後對方也做了自我介紹，那你接下來「閒聊」的切入點就在他自我介紹的內容當中，比如說他的名字、職業、家鄉或者畢業學校，再或者供職的公司，這就要視對方自我介紹的內容而定了。

再比如上面第二個例子，雙方只是相視一笑，並沒有過多的交流，這時候不管是主動向對方介紹自己，還是詢問對方一些情況，都會顯得唐突。如果對方是一個大咧咧的人倒也罷了，如果你遇到的是一個一貫謹慎的女孩，接下來他可能就會下意識地與你保持距離，那時候再想辦法破局，困難可就大多了。這時候你的切入點就應該在眼前所見的景物當中尋找，比如說他的穿著打扮、隨身攜帶的物品，或者他正在看的一本書，再或者是他身上背的包。

這就是勾聯法當中的聯，就是要連結寒暄的內容和眼前所見。找到切入點以後，如何勾起對方的興趣，讓他主動參與呢？最好用的方法就是發問，把你找到的切入點以問題的形式拋給對方。只有問題才是勾起對方興趣和注意力的最好方式，只不過不是任何人都能恰到好處地提問的。如果方法失當，對方可能笑而不答，找藉口離開，甚至直接轉身離去，甩給你一臉的尷尬。有什麼需要注意的呢？

1. 不能涉及隱私，因為你們還不熟。

2. 不能讓對方難堪，如果不能給對方足夠尊重的話，對方也不會把你當一回事，哪怕你並不是有心的。

3. 不能讓對方太費事。溝通是一個傳球的過程，你既要保證傳出去的球對方可以接到，同時對方拋來的球你自己也能接住。

比如，面對一個讓你心動的女孩，如果你一來就問人家年紀，那人家多半也只會回你一個白眼讓你自己體會，甚至會嗆你一句：「我跟你很熟嗎？」因為你的問題已經涉及對方的隱私。

比如，對方自我介紹說是一個工程師。你接著問：「聽說工程師都不修邊幅，而且多半都是『鋼鐵直男』，這是真的嗎？」你猜對方會怎麼回答你呢？很明顯，你的問題已經讓對方很難堪了。

再比如，得知對方是一位律師，出於好奇，你向對方請教《婚姻法》中關於離婚財產分配的內容，你是希望對方當場替你上一堂法律通識課嗎？這個問題太累人了。

如果這三點你都成功避開了，最起碼對方不會拂袖而去，但是要想成功吸引住對方的注意力，還要做到以下幾點：

1. 在對方的優點或者興趣上發問。
2. 用開放式的發問代替封閉式的發問。

3. 問題中加入讚許的元素。

比如對方正在讀劉慈欣的《三體》，你可以問一下跟科幻小說有關的問題，這可能是對方感興趣的地方，對方就此打開話匣子的可能性很大。

比如，對方身材健美，如果你問：「你很常健身嗎？」這就是個封閉式的問題，對方只需要回答「是」或者「不是」，你要想繼續閒聊下去，就不得不再拋出別的問題。然而，一旦你的問題超過三個，對方就會有被「身家調查」的感覺，這樣就很難聊下去了。如果你問「你是怎麼做到的」，那對方就會不自覺地多說一些，如果你問「聽說健身是很難的事情，能告訴我你是怎麼做到的嗎」，就更能激起對方談話的興趣了，因為這裡面隱藏著對對方的羨慕和讚許。

總而言之，要想和陌生人開啟無壓力的接觸，就要充分認識到閒聊的重要性，同時還得明白閒聊不能承擔任何明確主題的特性。其次，採用勾聯發問法巧妙進入聊天模式。另外，要注意勾聯發問法的三個「禁忌」和三個「必須」，能幫助你把這件事做得恰到好處。

02 聊得開心，就必須你來我往

上文講了關於怎麼由自我介紹和寒暄問候，進入聊天模式的心態問題以及具體方法，但是並不是所有能夠巧妙進入聊天模式的人都能獲得一場愉快的聊天。很多沒辦法好好聊天的人都會犯兩個典型的錯誤，第一是聊天模式不對，第二是無法完全掌握聊天的節奏。那麼，該如何避免這兩個錯誤呢？

聊天真的需要講究模式嗎？我們先還原兩個生活中比較常見的場景，你看看是不是有種似曾相識的感覺。

場景一：

凱麗在圖書館邂逅了一個心儀的男生，除了初見時怦然心動的感覺，還被他淵博的學識和幽默的談吐所吸引。第一次在圖書館短暫的交談之後，直率的凱麗就主動提出了下次見面的邀約。雖然這個讓凱麗心動的男孩條件不錯，但是凱麗的條件不管是容貌還是學識也毫不遜色，但是在他面前，凱麗卻不自覺地放棄了表達的機會，只是靜靜地聽著他說，時不時地點頭表示附和，即使有時候他有更好的見解，也還只是點頭稱是，因為他擔心說出不同意見他會不開心。可是，又見過兩次面之後，這個男孩就開始找各種藉口不來赴約了，在凱麗的追問下，這個男孩說他不喜歡完全沒有自我，只知道應聲附和的女孩子。

場景二：

相對於剛剛工作不久的小慶，大黃算是一個資深的前輩。小慶知道以大黃在專業上的造詣，如果自己沒點分量的話，恐怕他是不會把自己看在眼裡的。於是，在整個聊天的過程中，小慶都在竭力展示自己的專業水準，想給對方留下個好印象。但是這次聊天以後，小慶就再也約不到大黃了，就連在微信上交談，大黃也變得越來越冷淡。後來大黃跟身邊的朋友說，小慶這個人還滿機靈的，悟性也不錯，如果肯靜下心來鑽研技術，將來肯定會超過我們，但是他心浮氣躁，只知道到處炫耀自己，這可是我們做技術最大的忌諱。以他現在的技術水準，就敢在我們面前誇誇其談，這也有些太不知深淺了，怕是很難再有更深的造詣。

這兩個場景就是錯誤的聊天示範，凱麗的聊天模式我把它稱作「捧哏式聊天」，而小慶的聊天模式我把它叫作「霸麥式聊天」，都是教科書式的低情商聊天示範。如果你真有心要開啟一段關係的話，你應該尋求的其實是「陪練式」的聊天模式。

「陪練式」的聊天模式是什麼呢？首先不能只會說「嗯」、「啊」、「是的」這類毫無意義的話，你得懂得餵招。從形式上來說，必須做到有來有往，對方有來言、你有去語；從對抗性來講，你得從餵招、接招的過程中讓對方感受到你的實力。

首先，你得讓對方感覺到面對的是一個有意思的對手，而不是在打木樁；其次，它也不能是「霸麥式」的。你得明白，你出招發力的目標是「餵招」而不是在擂臺上幹掉對手，不管是發力過猛，抹掉了對方的存在感，還是為了證明實力自顧自地打起了自己的套路，把對方晾在一邊，這都是非常失敗的。

我們想要尋求正確的「陪練式」聊天模式，其特徵就是獨立基礎上的配合，你來我往的交互，既不能碾壓對方，也要保證自己不被對方碾壓。要做一個有意思的陪練，既不做木樁、沙袋，也不做論定輸贏的對手。

所以，要想進行一場高水準的聊天，選擇聊天的模式很重要，但是所謂的正確「陪練式」聊天模式也不是找到角色站位就能做好的。那要怎麼樣才能做到呢？要想做到這一點，你還需要很強的控場能力，你需要控制整個聊天節奏。進一步來說，要想做好「陪練式」聊天，你至少應該具有三種能力：讓對方開口的能力、巧妙接過話題的技巧、及時轉換話題的技巧。

上一節在說怎麼由寒暄進入聊天模式的時候說過發問技巧，在這裡同樣適用。需要補充的是，你必須得注意發問的時機，如果選擇的時機不對，再高明的發問技巧都沒辦法奏效。那要怎麼把握這個時機呢？仔細觀察對方的微表情，判斷對方此時的精神狀態，如果發現對方不夠放鬆的話，那麼你最好先嘗試卸下對方的防禦心理，然後再發問，效果就會好得多。

比如，對方是一個體態保持得很棒的人，但是他現在雙手抱胸，表情略顯僵硬，這就表示對方現在正處於精神防禦狀態，你這時候最好不要直接發問，因為不管再怎麼注意技巧，這個問題終究還是針對他的，都會讓他加強他的防禦心。不妨這麼說：

「你的體態保持得真好，我也曾經做過這方面的努力。我曾經……但是……對我來說這真是一件很困難的事情，你有什麼祕訣能分享給我嗎？」

沒錯，如果對方還沒做好愉快聊天的準備，那就自己先來第一棒，**在對方擅長的領域講講你的糗事，適當露怯，讓對方澈底放鬆下來，然後順便施展發問的技巧，讓對方開口**。

那麼，當對方的發言告一段落，很多人都會習慣性地回應「嗯」、「哦」、「原來是這樣」，這麼做的話，那就掉進「捧哏式」聊天的套路了。那應該怎麼接呢？首先絕對不能用「嗯」、「哦」之類的詞，因為這樣會讓對方覺得你是在敷衍他，最多也只能表示你聽到了，而對方需要的絕不僅是你聽到了，而是你聽懂了，起碼也是非常用心地在聽。如果你能延伸他所說的話，那就再好不過了。

正確接過話題的方式是：「太棒了，我原本一直以為是……看來我得在……方面下點功夫了」、「你的意思是說要……這樣確實能夠……我還聽說有一種方法……」如果你實在聽不懂也沒關係，不妨先複述一下對方的核心觀點，順便提出你的疑惑。這說明你真的用心聽了，這在對方看來是一種尊重，對方會很樂意再給你進一步的解答，這比隨聲附和和不懂裝懂要高明得多。

但是，一直在同一個話題上深入下去，有時候會讓對方感到厭煩，從而失去聊下去的興趣，所以要具有轉場的能力。什麼是轉場的能力？就是在各種話題之間隨意遊走的能力，就像影視劇當中的場景轉換。

聊天最大的特點就是隨意、自由，不必在意一個話題的觀點和結論。如果感覺到對方對某一個話題不是很感興趣，或者有些觀點你實在難以認同的話，千萬別猶豫，趕緊採用轉場技巧換一個新的話題。

以下是幾種最常用的轉場技巧：

1.延伸法

從對方的發言中發現新的話題，這樣不僅能夠成功轉移話題，還能讓對方覺得，你雖然不一定認同他的觀點，但你真的很用心在聽，很多時候這就足夠了。比如：「我剛才聽你說小時候的事，感覺滿有趣的，你老家是在南部嗎？」

2. 沉默法

如果沒有從對方的話語中發現很好的新話題，那也不用擔心。按下暫停鍵，適當停頓一下。順便舉起手中的酒杯，向對方示意，然後再開始一個新的話題。

3. 注意力轉移法

「來，喝茶」，等各自喝過之後，你還沒找到合適的新話題，那麼就把你的眼光從對方的臉上移開。留心觀察，你的眼睛能幫你發現新的話題，比如窗外的天氣、對方手邊的手提包……

總而言之，要想和對方能夠愉快地閒聊下去，就要做到有來有往的「陪練式」聊天，這需要掌握三點：讓對方開口、巧妙接過話題、及時轉換話題。轉換話題的時候，要靈活運用延伸法、沉默法和注意力轉移法這三個技巧，如此，便能在拓展新人脈的時候做到游刃有餘。

03 兩幅地圖，保證閒聊不翻車

閒聊並不只是人們在剛接觸時才有的狀態，除了會議或者談判，類似這種被固定好流程與內容的正式場合，我們平時與人相處時，80%以上都是在閒聊。前面也說過一些關於閒聊的價值，但是它的作用絕對不只是幫助我們認識一些陌生的朋友，在熟識的朋友之間，閒聊也一樣重要，比如前面說過的六圈法則，那些對你來說非常重要的資訊不是也得透過閒聊來獲得嗎？很難想像一方鄭重其事地詢問另一方家人和朋友的一些情況的場景，真是比身家調查還要尷尬。

關於閒聊，很多人都覺得在面對一個陌生朋友的時候需要非常小心，覺得這才是考驗表達技巧的關鍵時刻，因為大家都比較陌生，如果有一句話表達得不恰當，就會給對方留下不好的印象。所以這時候，他們都會特別小心，這個看起來最危險的時候反倒很少出錯，只要掌握了一些表達技巧的人，都能有比較出色的表現。

與此形成鮮明對比的是，很多表達技巧不錯的人，反倒是跟一些相對熟悉的人閒聊時經常出現狀況，聊著聊著突然就鬧僵了，聊天的人也被得罪了，最起碼也是讓別人對自己有了成見。為什麼？因為很多人以為跟相對熟識的人聊天就可以放飛自我，自己開心想怎麼聊就怎麼聊，結果友誼的小船都不知道是怎麼翻的，對方臉色都已經很難看了，自己還在那邊眉飛色舞。

那麼，跟熟人聊天也要小心嗎？當然需要。不然你問問自己有沒有一些話題是自己不願意涉及的，有沒有一些話是不想讓別人提起的？如果你有，別人肯定也有。儘管大家已經比較熟悉了，這些話最好也別說，不然越熟識越有往人家心上捅刀的嫌疑，這會得罪人的。

跟熟人閒聊都要這麼小心，那豈不是很累嗎？沒錯，當我在線上、線下課程裡把這些講出來的時候，確實有不少學員問過這樣的問題。我的回答是：「沒關係，我這裡準備了兩幅地圖，有了這兩幅地圖，你做起來就會輕鬆多了。」現在我就把這兩幅地圖分享給你，雖然一開始做起來還是會覺得有些麻煩，但是這份麻煩是有其必要的。

在說這兩幅地圖之前，我們需要先瞭解一下關於「乾貨[9]」的真相。現在很多人都在喊著要乾貨，其實要乾貨的想法本身沒有錯，畢竟現在大家已經看膩了那些心靈雞湯文，想要一些簡單操作、實用性強的東西是非常正常的。但是在要乾貨的時候，難免有人會跑偏，他們想要的是手把手、完全不用腦子、只要照做就能成功的「懶人包」，於是這才有了「學會這三招，你也能年薪百萬」或者「做好這五步，你也可以像馬雲一樣成功」這類的文章。

類似這樣的文章能信嗎？反正我是不信的，不僅不信，我還要把這些乾貨文章的真相告訴你：根本就沒有不動腦子，只要照做就能成功的乾貨。乾貨能告訴你的只是方法論，而不是方法本身，能解決你問題的方法只有你從這些方法論當中舉一反三所領悟出來的實用內容。

如果真的有人一心想要那種只需要照著做就好的「懶人包」，那他不是務實，而是真的懶。所以，我接下來要說的是，我這裡其實沒有兩幅地圖，我能告訴你的只是

9　乾貨：指實用性較強、含金量較高的內容。

這兩幅地圖應該畫些什麼，不管是什麼，最後還是要你自己畫出來。

我們先來說第一幅——偏愛地圖。這個偏愛地圖的概念是我從齋藤孝的《輕鬆聊出好交情》當中引用來的，原本的意思是，對於你身邊熟悉的人，你應該要熟悉他聊天時的喜好。你必須擁有「這個人喜歡這個事物」、「只要從這個話題切入就應該沒問題」這樣的意識，而將對方的這些聊天偏好合在一起就構成了他的偏愛地圖，擁有一個人的偏愛地圖，在其面前你就擁有了萬無一失的話題掌控能力。

沒錯，齋藤孝的這幅偏愛地圖指的就是話題的掌控能力，但是我希望你的偏愛地圖上不僅僅只有對方偏愛的話題，還有對方偏愛的溝通方式，或者他喜歡聽到的一些詞彙。

偏愛地圖就是對方在聊天時的偏好，聽起來很簡單是不是？但是這件事情做起來比想像中的困難多了。當然這並不是說這麼做有多高的技術含量，而是說這很考驗人的耐性和毅力。

要做到這一點，意味著你在閒聊時得時時留心觀察對方的反應，並用心記下一些關鍵的東西，然後你的偏愛地圖才能變成現實。而且你身邊每一個你所看重的人，你都需要有一份關於他們的偏愛地圖，這確實不太容易做到，但是如果你做到了，你就會發現，它帶給你的回報絕對對得起你為此所做的努力。

齊藤孝認為可以用偏愛地圖來掌握萬無一失的話題，但是不管在話題把控上還是表達方式的掌握上，我並不認為掌握了偏愛地圖就能做到萬無一失。高情商修練的實踐告訴我，除了對方的偏好，你還得知道對方討厭什麼，不然你很容易會在這方面栽跟頭。

舉個例子，在「得到[10]」上有一位我很欣賞的老師，就是《5分鐘商學院》的劉潤老師。如果我在微信上跟他交流，有一句話我是絕對不會說的，這句話就是：「你好，在嗎？」是不是覺得這句話沒什麼問題？我們不是每天都會說嗎？也沒覺得有什麼不對的地方？那是因為你沒對劉潤老師說過這句話。如果說了會怎麼樣呢？

劉潤老師有一期課程專門討論這個問題，這一期的題目就是《再問「你好，在嗎」我就封鎖你》。為什麼？劉潤老師認為，這等於是要強行綁架對方對你接下來說

10 得到：知識內容平臺APP，類似於播放各種知識性內容的Podcast。

的話立即做出反應。別人一旦回覆了「在」，那接下來要是不想回覆就成了一種失禮行為，你的「你好，在嗎」其實是一種強人所難，所以他要封鎖這種人。如果你真的需要跟他用微信溝通的話，你最好也不要說「呵呵」，因為在他看來那就等於是「我就靜靜地看著你演」，也不單單是劉潤老師，我很多超級人脈當中的前輩都對一些網路用語非常反感。我深知這一點意味著什麼，所以在跟他們聊天時，他們忌諱的這些我絕對不會說出口。

把對方忌諱的話題、表達方式或者詞彙匯集在一起，我稱之為禁忌地圖。這個禁忌地圖是要配合之前的偏愛地圖一起使用的，只有當兩幅地圖同時使用的時候，才有可能做到真正意義上的萬無一失。

04 聊得來還不夠，一起奮鬥才有效

一段關係的開啟和建立，離不開聊天技巧。只有掌握了高超的聊天技巧，這個過程才能更加輕鬆和順遂，但是這段關係能不能變成可變現的優質社交資源，這考驗的就不只是聊天的功力了。聊天其實就是閒聊，更側重情感的交流，而不太注重觀點是否統一，更多時候，我們為了情感上的認同，還會有意回避觀點上的矛盾。

我們見過很多所謂的好朋友，平時呼朋喚友、喝茶聊天時熱鬧得很，但是一說要一起做正事，就開始談不攏了。一開始大家礙於面子都不好意思把分歧點直接明說，但是時間久了，冷靜分手都變成了非常奢侈的事情。

當矛盾爆發的時候，雙方都覺得自己很委屈，都在抱怨人心難測，都怪自己當初沒看清楚。其實這還不都是情商低惹的禍嗎？他們之間那種「相見恨晚」的感覺，其實是建立在閒聊基礎上的。這不是說他們這種感覺是一種錯覺，而是閒聊本身就只是

負責制造感覺的。而一段關係要想「變現」，絕不能只靠閒聊，還要能經得住溝通的考驗，相互之間能夠針對某一個問題進行深入溝通，他們之間的關係才有「變現」的可能，不然這份關係就只能定義在熟人或者認識的階段，絕對不能作為你的優質人脈。

我一直都很看重高情商的「變現」能力，不太提倡大家為了這些只能閒聊的關係耗費過多的時間和精力。所以我要跟你說，如果有一段關係放在你面前，你們有了幾次相談甚歡的接觸之後，應該在適當的時候把閒聊升級為溝通，溝通會讓你們的關係更有價值。

以下是把閒聊升級為溝通時你要注意的地方：

找準時機

要想把一段關係鍛造成你的優質人脈資源，這個從閒聊到溝通的過程是絕對避不開的，但是開始的時機非常重要。怎麼判斷這個時機呢？這得看你對對方的瞭解有多少。這個「瞭解」並不是說你對對方個人資訊的瞭解，而是對對方「三觀」和脾性的瞭解，這之中有三個標準：經得起分歧的情感基礎、對對方潛臺詞的判斷、「三觀」和脾性的相容性，尤其是最後一個標準，你們的「三觀」和脾性的相容性越高，你們之間的關係成功升級的可能性就越大。當你覺得你們之間已經建立了足夠的好感，對雙方的表達方式已非常瞭解時，那這個時機就是合適的。

請注意，我說的是相容性而不是契合度，很多人都會本能地把同一種性格誤以為是相容性，這是一種誤解。

鎖定一個主題

跟閒聊中隨意轉場不一樣，深度溝通需要先鎖定一個主題，然後在這個封閉的對話環境中針對這個主題展開深入交流，交流時觀點和見解會有不同在所難免。面對分歧時，別急著轉換話題，要直接展開對話，努力聽明白對方所要表達的真實觀點，也盡量向對方闡述清楚你的意思。總之，面對問題不要回避，要學會傾聽和表達。

確定一個目標

鎖定了一個主題，我們就等於將溝通劃定了一個範圍，這是一個封閉性的對話環境，有了這個環境，溝通就不會像閒聊那麼隨意和散漫了。那麼對話深入到什麼程度才算是深入的溝通呢？這得需要一個標準，不然沒有一點限制的深入討論，不但不能帶給我們好處，還有可能讓溝通的雙方越來越情緒化，從而激化雙方的矛盾，雙方應該確定一個共同目標。

在鎖定一個主題的時候，你就要考慮關於這個主題你想要追求的是什麼結果，比如達成一個共識或者要制訂一個方案。只要是達到了預期的目標，就算是一次成功的溝通，你們就可以順勢再閒聊點別的，用來消除在溝通過程中所帶來的些微不快。你需要明白的一個事實就是，**閒聊是很有價值的，它的價值在於增進雙方的感情，側重的是感覺**，所以在感覺不太融洽的時候，你大可以轉換話題，或者表示一下認同，因為聊天本來就沒有特定的目標。

溝通也是很有價值的，它的價值在於能解決實際問題，或是就某個議題達成共識，或者是為某個問題找出解決方案。在這個過程中會更看重觀點的分析和問題的解決情況，所以當你們之間進行了一場深度溝通之後，請別忘了再閒聊一下子，這樣會讓大家感覺更好一些。

模擬演練，隨時喊停

雖然從意願的角度來講，我們很希望每一個相談甚歡的人都能變成並肩奮鬥的人，但是有一個比較遺憾的事實就是，有些人是可以與之並肩奮鬥的，有些人註定只能聊聊天而已，原因就是他們之間的相容性不夠。但是，即使是只能夠聊天的人也是一種人脈資源，起碼還能在消息上互通有無，如果不能成功升級為能夠深入溝通的優質人脈，也要保持開心聊天的狀態。所以，在把閒聊升級為溝通的時候，我們要盡可能地小心謹慎。我的建議是，模擬一個話題進行演練，做好隨時按下暫停鍵的準備。

先說模擬一個話題進行演練。其實這是大家都不願意做的事，我們都有一個常識性的認知：「交情深淺事上見，平時沒事不要找不痛快。」這話本來沒錯，不過有一個不好的地方，一旦要事上見的時候，就變成了非A即B的死局。事情成了大家還是好朋友，事情不成那多半連朋友都沒得做了，這樣做的破壞性太大，我們不能這樣，那就得先找點不痛快——提前模擬一個話題，進行溝通演練。

模擬溝通演練的目標是在演練的過程中檢查雙方的相容性，好處是這個需要深入溝通的話題只是模擬的，並不是非解決不可的問題，如果不能達成一致，隨時都可以按下暫停鍵。所以，如果你想要進行一次演練，最好做好隨時暫停的準備。比如你們兩家準備一起開車出遊，這件事情看起來很簡單，但是如果相容性不夠的話，很難得出一個雙方都滿意的方案。

在這個過程中，有兩點是你必須做到的：

1. 遇到分歧的時候要充分考慮自己的意願和需求，不要輕易做出讓步，同時也跟對方講清楚你想要一個大家都開心的旅程，一定要想什麼就說什麼。
2. 隨時留心觀察，你們當中有哪些問題是可以解決的，哪些分歧是沒辦法達成一致的。如果真的遇到沒辦法達成一致的問題，那就及時按下暫停鍵，別讓這種嘗試影響到交情。

這就是如何透過深入溝通升級社交資源的全部內容。我們先瞭解到能夠變現的優質社交資源，光靠閒聊是不能「變現」的，必須深入溝通，並且注意把閒聊升級為深入溝通的四個要點：找準時機、鎖定一個主題、確定一個目標，以及模擬演練，隨時喊停。

05 溝通錯題本，復盤讓溝通持續精進

作為一個奮鬥者，你肯定聽說過美國暢銷書作家丹尼爾．科伊爾的《天才密碼》（*The Talent Code*），最起碼你應該聽過這本書提出來的「一萬小時理論」。

「一萬小時理論」說的其實就是「刻意練習」的力量，「一萬小時理論」指的是不管在任何領域，要成為大師和專家，一般都需要十年時間的刻意訓練，而十年間的有效工作時間大概就是一萬個小時。

「一萬小時理論」一經提出，馬上就收穫了大量支持者，但是很快就有人提出了質疑，質疑者認為，既然說經過一萬個小時的刻苦訓練就能成為一個領域的專家大師，那為什麼還有那麼多人練一輩子的書法，水準卻依舊只能跟愛好者不相上下呢？為什麼有些人做了一輩子的技術人員，到老卻還是個工人呢？

沒錯，這些質疑者所說的例子司空見慣。不管是在哪個領域，努力了十年以上的

人不計其數，但是能成為專家和大師的並不多。這是為什麼呢？難道真的就像那些質疑者所說的，「一萬小時定律」就是一個徹頭徹尾的騙局？未必如此。

在這些例子中，質疑者所看到的只是這些人刻意練習的時間，並未關注他們刻意練習的方法。如果刻意練習缺少了正確方法，那就變成了一種簡單的機械重複，這種簡單的重複除了會養成一些下意識的動作和反應之外，很難再獲得其他方面的進益，提升的速度非常慢。這就是為什麼很多人用一年就達到了別人十年的高度，而有人努力了十年卻進步不大的原因。

在高情商修練這條路上，我希望每個人都能以一年頂十年的速度提升，所以我不僅告訴你方法論，還告訴你能夠收穫十倍速提升的實踐方法和工具。接下來我會教你刻意練習的方法——復盤。

我曾經提過「張萌萌姐學習五環法」，復盤是其中最關鍵的一步。我是個復盤控，我不僅自己復盤，還要求我的學員們堅持復盤；不僅要每天復盤，還要進行年終總復盤，我還專門開設了《年終復盤課》，舉辦了年終復盤大賽。為了讓你的復盤更加高效，我還會再告訴你一些輔助復盤的工具：《總結筆記》、《人生錯題本》和《贏效率手冊》。

復盤的說法最早出現在圍棋，每到一局終結時，有心之人都會把整個過程復演一次，藉以在這個過程中發現自己的得失，後來復盤就成了大家所公認提高棋術的重要方法。再後來，這種方法就被引入企業管理中，現在我再把復盤引入我們的高情商修練中。建議你每經過一次實踐之後，都要進行一次復盤，看看你在這個過程當中哪些地方做得比較好，哪些地方出現了失誤。

為了讓你能夠更好地復盤，下列一些關鍵，以供參考。

沒有例外，沒有局外人

很多剛剛學習復盤的人，都會憑藉自己的感覺選擇性復盤。什麼是選擇性復盤？就是只對那些覺得不太理想的案例進行復盤，而對於那些自我感覺還不錯的部分，就覺得自己做得不錯，就不用再復盤了。

其實，這種想法是不對的。我們現在還沒擁有無可挑剔的實力，就算你真的有這樣的實力，那麼在其中分析一下他人的得失，然後「擇其善者而從之，其不善者而改之」也是一件非常有意義的事情。

所以，復盤的第一個要點：沒有例外之事，也沒有例外之人，**所有的實踐經歷，不管自我感覺如何都要進行復盤；所有參與交談的對象，全都在復盤的範圍之內，人和事皆無例外。**

及時、直觀

我們的高情商修練實踐不太可能邊實踐邊記錄，所以復盤就需要憑藉自己的記憶盡可能地去還原當時的情境，因此，要想將復盤做得好，就得講究及時性。如果等事情過了三、五天才想起要復盤，估計連當時你們聊了些什麼都記不得了。不過，馬上就進行復盤有時也是不太現實的，有一個比較實用的方法，就是在結束一場交流活動以後，先在大腦中進行重播。

在沒有別人打擾的情況下，你只需要兩、三分鐘的時間就可以完成，然後把重要的事情記錄下來，如果記憶力不錯那就記在心裡。如果不放心的話，拿起你的手機，記錄在備忘錄裡，等到條件允許的時候再盡可能復盤更多細節，把對錯得失以圖表的形式記錄下來。這是復盤的第二個要點：**搶占第一時間，抓住重要的資訊；以圖表記錄復盤細節，力求直觀明瞭**。

找出解決的方法

透過復盤，我們能夠發現自身的不足，但是要想讓自己以十倍的速度提升，光發現自己的不足是遠遠不夠的。我們不僅要找出自己的不足，把這些不足的地方一一記錄下來，還要靜下心來想一想為什麼會出現這樣的失誤，然後想出解決方案，這就是復盤的第三個要點：**為所有的失誤都找出解決方案，從別人身上發現值得你學習和借鑑的優點**。

精準把控

當你的復盤進行一段時間之後，你發現了一些自己的不足，同時也制訂了解決方案，那麼接下來你就該開啟十倍速精進之旅了。在進行復盤的時候，不要只關注有沒有達到預期的目標，還要把這次的表現跟上一次的進行比較，看看你比之前有了哪些進步，看看之前制訂的那些解決問題的方案這次有沒有執行到位。

已解決的問題就打個勾，給自己一點獎勵，只有這樣，你才能一次比一次優秀，而且還能精準把控自己精進的每一個細節，這就是復盤的第四個要點：**時時對照，精準把控，把你的精進和疊代做到精準化、視覺化。**

以上就是有效復盤的四個要點，不過這只是一個方法論，你還需要復盤工具來讓你的復盤更加高效，就是我要求學員人手一冊的《人生錯題本》。下面這張圖就是我的人生錯題本，是我《人生效率手冊》當中非常重要的一部分，後面是具體用法。

我的錯題： 我對抗甲狀線疾病的反思	
Date： 2016年9月 **來源：** 自身的經歷 對抗甲狀腺疾病的故事	**原題／錯解** 原題：由於創業忙碌，生活不規律，導致甲狀腺结節 錯解：切除甲狀腺
重要程度： ★★★★★ **掌握程度：** ■■■■◩	**正解** 制定150天自我康復計畫 1、足夠的運動加速新陳代謝 2、每天攝取食物按照碳水化合物、蛋白質與脂肪比例，來完成自我康復 3、每天攝取適量的維生素 4、做到情緒管理，完成自我療癒
所屬知識點： 人生效率體系之自我管理中的健康管理部分	**原因分析** 1、因為忙，每餐都吃外賣 2、因為忙，每天晚睡 3、因為忙，不做運動 因為忙，成為不去做很多事的藉口

人生效率體系

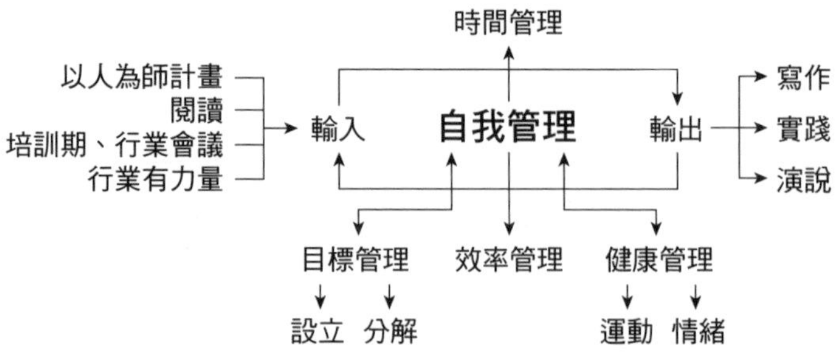

我們將表格分成左、右兩側，首先說最左上方的「我的錯題」，這部分需要填寫的是在復盤過程中發現的失誤和不足之處，第二部分是日期和來源，你需要把這個錯誤出現的日期和場景寫在這裡，第三部分是重要程度和掌握程度，第四部分是這個錯誤所屬的知識點，是表達技巧不對還是在認知上出了問題，都需要在這裡寫清楚。

右側從上到下的三個部分分別是：原題與錯解、正解和原因分析。原題指的是對錯誤本身的描述，正解指的是解決方案和正確做法的描述，原因分析自然就是出現這些錯誤的更深層次的原因。

這就是《人生錯題本》的全部內容，在這裡我需要賦予它一個新的名字——高情商修練錯題本，需要提醒你注意的是「重要程度」和「掌握程度」這兩項，重要程度需要你在復盤後填寫，而掌握程度需要你在下一次復盤完成之後，透過前後兩次的表現對比來填寫，這樣你就能清楚地看到自己到底進步了多少，直到你完全掌握為止。

高寶書版集團
gobooks.com.tw

RI 363
精準社交：上班族都需要的人脈管理法則，節約社交成本，精準投放資源，讓 1% 的菁英為你所用

作　　者　張　萌
責任編輯　高如玫
封面設計　ZZdesign
內文編排　賴姵均
企　　劃　何嘉雯

發 行 人　朱凱蕾
出　　版　英屬維京群島商高寶國際有限公司台灣分公司
　　　　　Global Group Holdings, Ltd.
地　　址　台北市內湖區洲子街 88 號 3 樓
網　　址　gobooks.com.tw
電　　話　(02) 27992788
電　　郵　readers@gobooks.com.tw（讀者服務部）
傳　　真　出版部 (02) 27990909　行銷部 (02) 27993088
郵政劃撥　19394552
戶　　名　英屬維京群島商高寶國際有限公司台灣分公司
發　　行　英屬維京群島商高寶國際有限公司台灣分公司
初版日期　2022 年 7 月

原著作名：從受歡迎到被需要：高情商決定你的社交價值
作者：張萌
本書由天津磨鐵圖書有限公司授權出版，限在港澳臺地區發行。

國家圖書館出版品預行編目（CIP）資料

精準社交：上班族都需要的人脈管理法則，節約社交成本，精準投放資源，讓 1% 的菁英為你所用 / 張萌著 . -- 初版 . -- 臺北市：英屬維京群島商高寶國際有限公司臺灣分公司 , 2022.07
面；　公分 .--（致富館；RI 363）

ISBN 978-986-506-434-1（平裝）

1.CST: 情緒管理　2.CST: 人際關係　3.CST: 社交技巧

176.52　　111007315